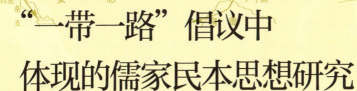

"一带一路"倡议中
体现的儒家民本思想研究

A Study on the People-oriented Confucianism Reflected
in the Belt and Road Initiative

钱 澄 著

上海文艺出版社

图书在版编目（CIP）数据

"一带一路"倡议中体现的儒家民本思想研究 / 钱澄著 . -- 上海：上海文艺出版社，2024. -- ISBN 978 -7-5321-9192-5

Ⅰ．B222.05

中国国家版本馆 CIP 数据核字第 2024LQ6139 号

责任编辑　毛静彦
装帧设计　长　岛

书　　　名："一带一路"倡议中体现的儒家民本思想研究
著　　　者：钱　澄
出　　　版：上海世纪出版集团　上海文艺出版社
地　　　址：上海市闵行区号景路 159 弄 A 座 2 楼　201101
发　　　行：上海文艺出版社发行中心
　　　　　　上海市闵行区号景路 159 弄 A 座 2 楼 206 室　201101
　　　　　　www.ewen.co
印　　　刷：苏州市越洋印刷有限公司
开　　　本：880×1230　1 / 32
印　　　张：7.5
字　　　数：147，000
版　　　次：2024 年 12 月第 1 版　2024 年 12 月第 1 次印刷
Ｉ Ｓ Ｂ Ｎ：978-7-5321-9192-5 / B•0120
定　　　价：52.00 元

告 读 者：如发现本书有质量问题请与印刷厂质量科联系　T：0512-68180638

序一

　　"一带一路"倡议与儒家民本思想之间那细腻而微妙的共鸣，以富含哲理与诗意的笔触，细腻勾勒出一场深邃且充满内涵的思想盛宴。这场对话，如同古琴之音，余韵悠长，既展现了古代智慧的深邃，又映射出现代发展的光辉，两者在时间的河流中交织、碰撞，作者以独特的视角，将古老的儒家智慧与现代国际经济合作相结合，展现了中华文化在全球化进程中的独特贡献与生命力。

　　在剖析儒家民本思想的历史与精髓时，本书不仅仅停留在理论层面的梳理，更通过生动的历史案例，让读者深刻感受到这一思想在历代治国理政中的实践价值与深远影响。这种理论与实践相结合的分析方式，使得儒家民本思想更加鲜活、立体。

　　在探讨"一带一路"倡议的民本维度时，本书没有局限于表面的经济合作与基础设施建设，而是深入挖掘了这一倡议背后的人文关怀与民生福祉。通过具体案例和数据，作者有力地证明了"一带一路"倡议在推动共建国家经济发展、改善民众生活条件方面的积极作用，彰显了儒家"以民为本"思想的现代价值。

　　此外，本书还从国际视角出发，审视了中国通过"一带一路"

倡议为全球治理贡献的"中国智慧"和"中国方案"。这不仅是对中国外交战略的一次深刻解读，更是对中国在国际舞台上日益重要地位的认可与肯定。通过具体案例的展示，读者可以更加直观地感受到中国在全球治理中的积极作用与影响力。

在实证分析部分，本书通过系统总结"一带一路"倡议的成效与经验，为未来发展方向提供了有益的启示与建议。这些建议不仅具有前瞻性，更具有很强的可操作性，为各国在参与"一带一路"建设时提供了宝贵的参考与借鉴。

在全球化的深刻变革中，儒家"以民为本"的核心理念不仅跨越时空的界限，更在"一带一路"倡议中展现出其深远的影响力与时代价值。这一思想不仅与当代政治经济文明形态深度融合，更以深邃的洞察力和前瞻性的视角，引领我们思考全球治理的新路径。它促使我们反思发展的真正意义，关注民众福祉，强调共赢共享，为构建人类命运共同体提供了深刻的思考与启示。本书通过对"一带一路"倡议中民本思想的深入探讨，不仅揭示了儒家智慧在现代社会的生命力，更激发了我们对于未来世界秩序的深刻思考与展望。儒韵长流，共筑未来，让全球文明在相互尊重、包容互鉴中共同进步。

2024 年 9 月 1 日

（作者系中国人民大学经济学院二级教授，博士生导师。中国人民大学经济学院党委书记兼院长）

序二

在当今世界，全球化的浪潮正以前所未有的深度与广度重塑着国际格局，而中国提出的"一带一路"倡议，以儒家"以民为本"的哲学思想，照亮了全球合作与发展的辉煌征程。本书不仅是一次对传统与现代交织的深刻挖掘，更是对儒家民本思想在全球化语境下独特价值的创造性诠释。

儒家"以民为本"的思想，如同一股清泉，穿越千年，依然清澈。它不仅是一种人文哲学，更是一种深刻的政治智慧，是对人类社会发展规律的深刻洞察。在"一带一路"的宏伟蓝图中，这一思想被赋予了新的生命力和实践价值，成为连接中国与世界的纽带和精神桥梁。

本书在探讨"一带一路"与儒家民本思想的内在联系时，不仅详细剖析了儒家民本思想的历史渊源、理论内涵及其在现代社会的应用价值，还巧妙地将其与"一带一路"倡议的具体实践相结合，揭示了两者之间的内在逻辑和互补关系。这种结合不仅丰富了"一带一路"倡议的文化内涵，也为其在全球范围内的推广和实施提供了理论支撑。

本书对"一带一路"倡议进行了深入的分析与探讨，采用了严谨、稳重、理性的官方语言风格，全面而深刻地阐释了该倡议的核心要义及其对全球化的深远影响。在保持原有内容的基础上，本书进一步增强了学理性，通过引入经济学、国际关系学、文化学等多学科的理论视角，对"一带一路"倡议的各个方面进行了更为深入和系统的研究，并从全球化的视角出发，结合相关理论模型与实证数据，对人类共同发展的未来路径进行了深入的洞察与积极的展望。宏观经济政策在"一带一路"倡议实施中的核心驱动力作用得到了明确的阐述，这些政策作为经济调控的基石，其有效性、可持续性及其对沿线国家经济增长、资源配置优化及区域合作深化的影响机制，均得到了学理性的分析与论证。

本书也深入阐述了"一带一路"倡议所秉持的开放包容精神，从国际关系学的角度，探讨了各国在平等互利、合作共赢的基础上，如何携手共进，共同应对全球性挑战，共同开创人类发展的新篇章。这一倡议所蕴含的全球治理理念与模式创新，是政治性和学理性的统一表现。

此外，本书还强调了"一带一路"倡议在促进文化交流、增进人民相互理解和友谊方面的重要作用，从文化学的角度，分析了不同文明之间的对话与互鉴如何促进文化的交流与融合，通过生动的案例和翔实的数据，展示了"一带一路"倡议在促进共建国家经济发展、改善民生福祉、加强人文交流等方面的显著成效。这些成果不仅是对儒家民本思想在现代社会实践中的有力证明，也是对"一带一路"倡议成功实施的重要支撑。为"一带一路"倡议注入了更加丰富的人文内涵。这种跨文化的交流与融合，不仅加深了各

国人民之间的相互了解和尊重，也为全球文化的多样性发展贡献了
力量。

范欣

2024 年 9 月 2 日

（作者系中国人民大学全国中国特色社会主义政治经济学研究
中心副主任，研究员）

目　录

contents

摘要

"一带一路"倡议中体现的儒家民本思想研究

　　进入 21 世纪以来，世界各国正在积极探索现代化社会的管理途径，综合区域特色，因地制宜地选择更有效的管理模式。随着人民对政府的要求不断变化提高，中国的国情和社会状况也发生了深刻转变。中国作为有着千年历史文化的国度，推崇儒家思想，构建"仁义礼智信"的道德体系，奉行"以民为本"的价值观，将人类社会的文化、政治、经济联系起来相互作用、相互影响，在历史长河中不断体现并发展儒家"民本"思想的潜在价值。因此，在中国作为全球第二大经济体、第一大货物贸易国、第一大工业国和第一大外汇储备国的背景下，研究儒家"民本"思想对中国发展现阶段的内涵和价值，对全球治理、经济发展和文明复兴具有重要的意义。

　　中国政府在现阶段发展规划中，重点强调了"一带一路"倡议与中国儒家思想的渊源，并提倡在发展经济的同时延续中华文明传统，用文化推动国家的产业改革和城市现代化，将千年文明的主流融入执政方式，使儒家"民本"思想直接作用于人类社会的意识形成，对推动社会的发展形成了不可替代的优势。

本书主要对"一带一路"倡议中体现的儒家民本思想进行研究，分析民族文化对世界人民精神领域的作用，进而有助于复苏经济，保证各国的政治形势的相对稳定。将"以民为本"的思想注入发展战略，有利于强化国家政权和文化影响力、建立各国之间的政治互信和贸易往来、增加国家软实力，有利于世界各国共同发展的加速和儒家文化圈影响力的扩大，因此，研究儒家民本思想不仅有利于增强中国实力，更促进了各国之间精神文明的交流与融合，在全球价值链中创造了越来越强大的世界价值。

关键词：一带一路、儒家思想、"民本"思想、共同富裕、互利互赢、人类命运共同体

第1章 绪论

一、选题的背景与意义

选题背景

公元前490年—前480年，古希腊的智者派思想家普罗泰戈拉Protagoras在赫拉克利特的万物流变理论[①]基础上，认为人可以对世间万物产生感觉，并且可以作为判断事物的依据，提出人作为万物尺度这一论断，普罗泰戈拉的观点在于肯定人在自然社会中所具有的价值和地位。世间的事物是流动变化的，而人根据自己对万物的感知和思考，人的感知范围和思考能力也是随之变化的。

在"人是万物的尺度"[②]这一观点当中，关于其中所指代的

[①] （美）撒穆尔·伊诺克·斯通普夫、（美）詹姆斯·菲泽著，邓晓芒、匡宏等译，《西方哲学史：赫拉克利特》（第9版），北京联合出版有限公司，2019年，第14—20页。

[②] 系古希腊哲学家普罗泰戈拉最著名的一句话，来自柏拉图的《泰阿泰德》(Theaetetus) 中的记载："人为衡量万物之尺度，是存在者存在的尺度，也是不存在者不存在的尺度。"

"人"，是与神相对而言的个体，对万物的认知基于主观感受并具创造性。人的认知程度，决定了所认定事物的本质属性。故而人类的发展，是探索世界的基础条件。

针对人类社会早期"神为万物的尺度"的思想，事实上人在生产和生活过程中，不需要依赖、受约束于神，被神所主宰。人能够打破自然的限制，建立自己的主张和标准，围绕个体为中心，按照个人意志生活，用创造力否定了"以自然为万物的尺度"的思想。德国哲学家恩斯特·卡西尔曾经把人的定义为"人类是制造和使用符号的动物"[1]，区别于其他动物群体，创造和使用语言符号，建立和维系社会关系，从直立行走直至制造和运用工具，标志着人类智慧的结晶。

在哲学上，人与普通动物的本质区别是人具有独立认知能力。人作为单一独立的个体存在，具备独立判断能力并产生自我意识，包括对大脑对内对外的认知，涉及记忆存储、加工、回忆及遗忘的能力，是人认知外界的形成、实质、关系、发展和规律的能力。随着社会对人类群体逐渐重视和研究的深入，人的外形、手足分工、劳动等行为特征已不足以区别人与动物的本质差异。迄今为止暂时没有任何一项测验能够证明，其他动物群体具备与人类相同的抽象思维能力。作为高级动物，与其他生物群体的不同点，是人突破了为了生存而产生的潜意识影响，运用自我意识主动对客观存在进行再创造，这样的行为过程突出了人类的特征，以及人通过自我意识培养主观能动力，改变外界事物的能力。

---

[1] （德）恩斯特·卡西尔著，甘阳译：《人论》，上海译文出版社，1985年，第24页。

因此，"人是万物的尺度"，强调的是：人是认知万物的个体，包含了宗教层面的"神"和哲学层面的"自然"和"物"。个人与社会，是独立而统一的，在实际运用上，个体行为是人类理性和感性的共同结果。从现代意义上表现为：人的认知力可以判断客观存在的价值，并产生决策，从而对外界进行预判。

人是综合体，作为独立生命体存在于自然界，不仅具有自然属性，也具有社会属性，从人类诞生开始就带有社会色彩，在人的诞生、存活和消亡的过程中之所以会受到社会的影响，是因为人是社会属性与自然属性并存的综合体。虽然每个人有不同的认知，对世界万物也存在不同的感知和判断标准，但是随着探索新领域的需求，要求人在各种不同的标准中利用不断实践构建个人的行为特征并形成意识形态，经过不断积累，最后得到社会认可，并与外界的不同点相融、统一，这虽然只是人类的普通特征，但只有人才能完成这个过程。因此，人的自我意识，使人从动物的生存属性趋向更高阶段。

人只有具备了自我意识，才能具有自然属性以及社会属性，从而体现自我价值。对于"人是万物尺度"的深刻意义，马克思主义在其政治经济学、哲学著述中也有论述。马克思指出，人作为社会关系的总和，人所从事的一切活动，包括谋求物质、生产、生活，都带有社会属性，所以也包含了社会价值，在社会中生活的人所体现自身价值的外在表现形式之一，是社会与人产生的密切关系，即人们在从事社会生产活动中，可以挖掘出生产所需的物质和精神条件，再用物质和精神作为介质，创造自身的社会价值，实现自我功能以满足自我发展的需要，在此过程中完成自我的价值。

另一方面，人们在满足需求的过程中所从事社会生产活动，会影响到社会政治经济的发展，因此人们享有社会权利，也需履行各自的义务，为社会作贡献。这样不仅有助于社会的发展，也有助于人们改善自己的生存环境。这些都是在人的自我意识和自我追求的实现中完成的，展现了人性所具有的社会属性的重大作用，超越了人的自然性质，因此，人无法建立社会关系，就无法展现人的本质。

在当今社会背景下，对于"人是万物的尺度"这一古代哲学观点进行重新阐释，并非为了推翻过往结论，进一步说明并赋予其他意义，而是为了后金融危机时代实现全球经济和政治的迅速崛起。之所以从哲学角度在社会学范畴内分析人的属性，是因为人虽然具有共性，是同一性主体，然而由于人的主观能动性，不同的人对待自身以外的所有存在，会产生不同的感觉和判断标准。例如，面对同一把钥匙，哲学家会将其比拟为人生的哲理，心理学家则把它看做是共情的手段，在商人的角度是一件商品，在工人看来是具备多种用途的工具。由此可知，人由于生活背景和社会经历的不同产生角色差异，形成不同的认知，从而发展成为不同的行为模式，继而辐射到社会的不同层面，体现了每个人不同的社会属性。因此，尊重人的价值，以人为本，是人的属性影响物质文明发展的必然结果，是社会人文精神的价值体现。

中国早在商周时期的王道思想里，就蕴含了以民为本的思想。所以，研究"民本"思想背景需要追溯到商周时期之前，由于东方与西方发展历程不同，人文主义精神在中国历史上表现为儒家"民本"思想。这是儒家思想的重要组成部分，对中国的民主主义的形成产生了巨大影响。其实从 17 世纪开始，中国因为法国传教士的进入，中国很多儒学典籍如《论语》《大学》等经法国流传到了世界其他国家，例如 18 世纪的法国启蒙运动思想家伏尔泰、德国哲学家莱布尼茨，就曾经对儒家思想有所研究，伏尔泰敬佩孔子的思想，把孔子看作是道德的典范，至今在伏尔泰故居中，还供奉着孔子像；而莱布尼茨则认为法国的启蒙运动是受到了中国儒学的人文精神感染，并由此影响了以唯心主义为基础的德国的辩证法。这说明了东西方文化领域对儒家"民本"思想都有所研究，表达了在"人学"的基础上对人的价值的敬意，代表了人类文明的进步，验证了"民本"思想对社会发展的重要性，其在不同的地域和民族都具有相同的作用和价值。

2013 年中国提出的"一带一路"倡议，明确体现了以民为本的思想，与以往"民本"思想的不同，"一带一路"倡议的"民本"思想作为在全球范围的国际合作中对国家发展实践的理论创新，涵盖了国家内部和外部的分析和验证，迄今为止对此方面的研究成果较少，从 2014 年至 2020 年的国家社科基金 856 个立项中，有部分体现了"一带一路"倡议对民族文化或国家经济的价值，但对于"一带一路"倡议体现的儒家民本思想的专项研究成果较少，在这样的研究背景下，从各国人民的共同利益的新研究视角分析"一带一路"倡议，对中国可持续发展和全球一体化途径有重要的参考价值。

研究意义

随着世界多边结盟合作趋势的发展，世界意识形态的冲突逐渐淡化，而决定意识形态的社会经济基础需要各国联手共同积累，但目前仍然存在着因意识形态分歧而无法结盟的现象，只有文明的价值才能弥补其造成的损失和伤害。因为，人类文明的内容是平等的，每个文明都具有狭义价值和广义价值，研究一个民族的文明不仅要看适用于本土的狭义价值，而且要从对外的角度分析有关人权、制度、可持续性的内容，观察这些价值是否具有普遍性，是否能够为大多数的人类意识所肯定和接受，是否能够推动人类物质文明和精神文明的发展。受到越多民族认可的文明越具备实用性，对人类进步的作用越显著，这样才能够体现文明对于人类发展的重要价值。如果说新旧约全书是西方文明的体现，中国儒、佛、道的精神也代表了东方文明的精华。

对于儒家思想的研究，不能只停留于对于对内价值的研究，对外辐射的普遍性价值也需要通过社会经济、文化、政治等发展事实验注，它的意义不仅在于其他民族的发扬和传承，更在于能够符合人类发展的现状，满足发展规律的基本需求，这也是本书的意义所在。

儒家思想是东北亚区域文明的精髓，它代替了只注重积累资本的文明，体现了人类社会的尊严所在，对人类具有普遍性价值。将儒家思想的"公"与"共"形成的共同精神加入各民族的文明，即形成了人类共同体的核心思想。儒家的"民本"思想将人类从物质至上的思想中解放，重拾人类尊严，争取人类对命运的主动权，是人类文明发展的高级阶段。目前国内外对于儒家思想中的"民本"思想部分相关研究成果较少，它所强调的以民为本理念，正与中国现阶段所提倡的"一带一路"倡议的核心精神密切联系。中国在以习近平同志为核心的党中央领导下，从中国的发展和目前所面临的国内外挑战出发，提出并践行了具有中国特色的"一带一路"倡议，坚持开放合作、和谐包容、市场运作、互利共赢。秉承共商、共享、共建的原则，这是为了顺应国际发展走向，以大局为重，助力世界各国共同发展而研究出来的，是中国现阶段最重要的发展方针之一，为中国作为发展中国家，扩大对外交流合作，增强综合国力，开创了新的构想。

2013 年 9 月，出席上海合作组织比什凯克峰会的习近平主席表示，构建"丝绸之路经济带[①]"，需要革新合作形式，需要强化"五通"指标[②]，具体解释为：第一强化政策体系沟通，第二强化交通干线畅通，第三强化对外贸易联通，第四加强经济交易融通，第五加强与人民沟通。前面四点与物质层面相关，最后一点是对于意识形态的要求，体现了对人民力量的重视。法国作家巴尔扎克曾提出："The supremacy of the people is to consult the people on important political matters"，这一观点极其强调了人民的思想是人类社会意识形态的基础，体现了人对人类社会的独特价值，因此以民为本的思想非常值得关注并进行研究。

然而，"一带一路"倡议推动国际格局的更新，倡议的目的是实现人类平衡发展，势必会影响强权政治，动摇了霸主地位，被有些国家认为是一种挑衅，出于某些自身目的，强调"一带一路"的动机和得失，认为这是中国的"马歇尔计划"，将中国对外贸

---

① 齐海山：《对接与合作：丝绸之路经济带与欧亚经济联盟》，《价格理论与实践》，2021 年，第 1 页。

② 李红秀：《"一带一路"倡议下的文化传播与民心相通》，《人民论坛》，2020 年第 32 期，第 107—109 页。

易强加上了一层厚重的政治面纱，对"一带一路"倡议的发展和落实设置了阻碍。

如今中国政府在管理方式上不断突破创新，提出了"以人民为中心"的科学发展观，这与本书的研究内容相似。假如能够通过此次研究启示中国传统文化的有益养分在国家现代管理手段和未来规划的运用，对国家内部目标的实现和世界人民幸福指数的提升，具有非常重要的实用价值。"以民为本"的思想在现代管理之中，还存在很大的指导作用和实用价值，在中国现阶段国家提倡的经济发展计划划中充分使用并发扬创新"民本"思想，把社会的基础，人民的利益放在首要位置，这不仅能够充分发挥人的积极性，同时对于区域和国家的全面发展也有着至关重要的影响。通过挖掘传统文化的现代价值，可以协调各民族的物质文明和精神文明同步发展，对变化对国际格局作出贡献，共同复兴人类文明。

鉴于以上研究背景，本书对中国"一带一路"倡议中的儒家"以民为本"的哲学思想展开研究，剖析中国人文精神对人类社会的积极作用；对评估"一带一路"倡议的未来发展方向和世界发展目标，具有一定的现实意义。

二、相关领域基本概念厘定

"一带一路"倡议相关概念

"一带一路"倡议是中国在全球化时代雄心勃勃提出的区域性构想，过去 7 年在欧亚非各国的共同参与下，尝试以政治学方法和经济逻辑方法、地缘政治方法、文明交流史方法等对"一带一路"做出了各种有意义的评价。

"一带一路"大部分项目与经济相关，如包括五通中的设施联通（优先领域）和贸易畅通（中心内容）；资金融通（重要支柱）等三通均为经济领域，政策沟通是为实现经济三通而进行的政府或企业间的政策协调或协商，民心相通是支持上述四通顺利进行的民间交流或社会合作平台。"一带一路"的基础是互联互通（空间网络化），"一带一路"的特点是国家之间的政治、经济、文化的差异性和多样性等多元合作机制，"一带一路"的指导原则是正确义利观和共享原则的体现，"一带一路"的目标是构建2017年1月习近平主席提出的"人类命运共同体"。

表1 "一带一路"倡议

区分	主要内容
语义	"一带一路"是习近平主席2013年9月和10月分别访问哈萨克斯坦与印度尼西亚时发表的，将"丝绸之路经济带"和"21世纪海上丝绸之路"合成为"一带一路"的新词。
性质	以全球化时代为目标的中国倡议（构想），发展中国家之间通过沟通谋求彼此的发展，在中国倡导下的地区共同协议体现实现中国梦的战略。
四大精神	习近平主席2017年5月14日在北京举行的"'一带一路'国际合作高峰论坛（首脑）"开幕式演讲中提出四大"丝绸之路精神"，强调其继承的和平合作，开放包容，互学互鉴，互利共赢。
三大使命	1.经济增长之路；2.实现全球化再平衡；3.创造区域间新的合作模式。
三大原则	共商、共建、共享

区分	主要内容
主要内容	五通： 2015年3月28日，中国国家发展和改革委员会、外交部和商务部联合公布"一带一路"合作，加强"五通"，具体表现在五个方面：政策畅通（重要保障）、设施联通（优先领域）、贸易畅通（核心内容）、资金融通（重要支柱）、民心相通（社会基础）。 人类命运共同体： "一带一路"倡议以人类伦理思想为基础，构建利益共同体、责任共同体，最终创造命运共同体。
范围	2015年3月28日中央三部门（国家发展和改革委员会、外交部、商务部）家联合发布的"一带一路"地理范围包括： ①北线A： 北美洲（美国、加拿大）→北太平洋→日本、韩国→日本海→海参崴（海参船坞、恰尔维尔港、斯拉夫安卡等）→珲春→延吉→吉林→长春→蒙古国→俄罗斯→欧洲（北欧、东欧、西欧、南欧） ②北线B：北京→俄罗斯→德国→北欧 ③中线：北京→郑州→西安→乌鲁木齐→阿富汗→哈萨克斯坦→匈牙利→巴黎

资料来源：根据国家发展改革委、外交部、商务部《推动共建丝绸之路经济带和21世纪海上丝绸之路的愿景与行动》（2015年3月）梳理制表

儒家的概念

儒家，又称儒学、孔孟思想、孔儒思想，是对中国及东亚地区影响较广的文化思想之一，起源于周朝的礼教，自公元前5世纪起，创始人为孔子，至春秋战国时期发展为诸子百家及九流十家之大家，以仁、宽、诚、孝为基本价值观，重君子道德修养，重伦理道德，努力重建礼乐秩序，主张仁、礼为一体，支持教育

和仁政，提倡轻税，抵制暴政，保护国家和人民，充满人道主义精神。最初儒家思想是诸子百家的思想之一，在秦朝时受到巨大迫害。直至汉朝，被朝廷作为官学和国民主流教育推崇，作为为官之道和文化教育的标准，提高了儒家思想在中国历史文化中的地位。但在两汉时期之后，从魏晋南北朝开始，儒学和佛教、道教并称为三教，失去了在意识形态领域的主导地位。此后，儒家思想在宋代被重新解释，形成了儒家理学。伦理思想渗透至社会各方面，通过与友邦通商贸易，传播到朝鲜、日本、越南、琉球等地，形成东亚、特别在韩国思想体系中，比中国更受欢迎。儒教尊重孔子为圣人，以四书五经为经典，由孟子、荀子、朱子等伟大思想家发扬光大，历久弥新，为东亚的政治文化和道德教育作出了巨大贡献。

人学的概念

人学是指研究人类的科学。它主要研究人性、人的培养与进化、人的生存与发展、人的现状与未来。人学有着悠久的历史。中国古代"天人合一"思想反对天人对立，强调天人合一。《论语》是中国第一部研究人学的经典，记载了儒家思想家孔子的人生观和价值观。春秋战国之后，关于儒家思想家对人性的研究持续了2000多年。孟子认为人性本善，荀子认为人性本恶。西方社会从古希腊时期开始关注人类研究，政治家伯里克利（Pericles）认为"人是最重要的"，智者普罗泰戈拉提出"人是万物的尺度"。13世纪欧洲文艺复兴时期提出了人人平等，以尊重人为中心的人道主义世界观。启蒙运动的思想家和革命者伏尔泰、洛克、卢梭、水德罗、康德和费尔巴哈等进一步探讨了人的本质和价值。

直到 20 世纪 80 年代末，人学体系的独立仍然受到一些学者的质疑。人学体系是一门全球性的社会科学，与人类学、心理学、生物学等学科密不可分。人所具有的功能，和社会哲学有着密切的联系，其开端是康德与黑格尔的哲学，成熟在马克思主义哲学，这是社会活动与历史的研究成果，凸显人类活动在于知识内化的嫁接作用。

需求层次理论

人本主义心理学家亚伯拉罕·马斯洛（Abraham Maslow）建立了需求层次理论。马斯洛认为，人所有的基本需求都是本能的，相当于动物的本能。随着人的成长而塑造人完整的人格。受生活环境影响，人如果成长顺利，就会发挥他们所继承的潜力；如果环境有异常（大多数情况下不是），人的成长和人格的塑造就会受到阻碍。

马斯洛制定了五个基本需求层次。除了这些要求，还有更高的要求。这些需要包括理解需要、审美需要和纯粹的精神需要。在基本需要的五个层次中，人们在满足第一需要之前不会感觉到第二需要，在满足第二需要之前不会感觉到第三需要，依此类推。等级理论通常用金字塔来表示。低层次是生理需求，高层次是自我实现的需求。马斯洛的基本需求如下：

生理需求：代表人因为生存所需要的水、食物、空气和温度，这是人的基本需求，也是第一需求。

安全需求：在生理需求满足的前提下，在遇到异常、威胁到个人安危的情况下，人会产生不安的感受和表现，需要提供安全感维持思维和行为的稳定。

爱、情感和归属感的需求：在人的健康和安全得到保证之后，会尝试通过情感的表达和获取，去除孤独的感受，这就是爱、情感和归属感需求。

尊重的需求：在满足了前三种需求后，人需要通过感受到尊重，维持稳定的生活环境，通过争取别人对自己的尊重，克服挫折感、自卑等负面情绪，感受自己的价值，提高自信，维护自尊心。

自我实现的需求：当上述所有需求都得到满足时，人会形成人格倾向，对本体产生进一步要求。这些要求使人感受到焦虑、紧张、兴奋，促使人对自我发展做出选择，发挥才能，实现抱负，这就是自我实现的需求。

马歇尔计划（The Marshall Plan）

马歇尔计划，正式名称为"欧洲复兴计划"，是美国在二战结束后推出的一项重要经济援助计划，旨在帮助欧洲国家重建战后的经济体系。在战争结束六年后，大半个欧洲依然难以从数百万人的死伤中平复。战火遍及了欧洲大陆的大部分，所涉及的地域面积大于第一次世界大战。持续的轰炸使绝大多数大城市遭到了严重破坏，特别是它们的工业生产。

欧洲大陆上的许多著名城市，例如华沙和柏林，已成为一片废墟。而其他城市，如伦敦与鹿特丹，也遭受了严重的破坏。这些地区与经济生产相关的建筑大多化为一片瓦砾，数百万人无家可归。

虽然外援使 1944 年的荷兰饥荒有所缓解，但战争对农业的破坏还是导致了欧洲大陆许多地方出现了大面积的饥饿，而 1946 至 1947 年欧洲西北部罕见的寒冬又使这一情况进一步恶化。

马歇尔计划付诸实施之前，美国已经投入了大量资金用于欧洲重建，主要用于重建基础设施、恢复农业生产和振兴工业。这些资金被用于修复房屋、工厂和交通系统，对恢复欧洲的国民经济和提高民众生活水平至关重要。

据估计，在1945年到1947年间，美国在这方面的投入就达90亿美元。这些援助中的大多数都是以间接形式进行的，其中包括作为租借法案中一揽子协定的继续、或由美军出面重建当地的基础设施及帮助难民等不同途径。此外美国还与一些国家签订了正式的双边援助协定。其中最为重要的动作，要数"杜鲁门主义"所保证的给予希腊和土耳其军事协助的内容。

计划于1947年7月启动，持续了4个财政年度，总计向欧洲提供了约130亿美元的经济援助，其中90%为赠款，10%为贷款。

国内相关领域对"一带一路"倡议的解读，大多数学者认为"一带一路"是对外开放的必然结果，也是文明复兴的必然趋势，于是从实践和政策支持方面进行系统归纳、总结、提炼"一带一路"理论体系，如《"一带一路"合作与互鉴"一带一路"视角下的国际地缘关系》《丝绸之路经济带视域下的区域经济合作研究》等。

"一带一路"倡议涉及政治、经济、文化、安全等多个领域，影响到中西、中欧、中蒙俄经济走廊建设项目以及中国和印度洋、中亚、西亚、东南亚及东北亚区域国家的战略对接，范围广阔。大多以经济发展或人文精神为研究主题，但本书以儒家"民本"思想在"一带一路"倡议中的体现为研究重点，侧重于思想层面的理论分析由于该主题类似的研究较少，相关文献资料较缺乏，可参考资源有限。

三、文献综述

国际研究综述

儒家的"民本"思想属于儒家文化思想的一部分，发源于中国，由于地缘政治和文化差异的限制和影响，国际学者对中国儒家思想与"一带一路"倡议的关联性研究并不多，比较相似的研究范围是在文化与社会发展之间，目前为止暂时没有涉及儒家"民本"思想对人类社会产生的价值研究。

由马来西亚中华文化教育中心根据我国唐朝《群书治要》摘录六经、四史、诸子百家中的精华文献，编汇了相关文献《群书治要360》系列，在原书的基础上，从不同角度分析了中国古代修身、齐家、治国、平天下的相关内容，用白话文的方式解释了唐朝开创贞观盛世的参考文献，其中包括对儒家"民本"思想的论述，在书中通过对先秦典籍释义[①]，认为中国的传统文化里没有民主和人权的思想是片面的，中国自古以来就有了以民为本的思想，从道德的层面要求人要重视人民的心声，及时听取人民的意见，这是一种最纯粹的文化引领。

而有很多文献学家认为，在西方的文献上多数是关于民主、人权的研究，以人民为国家根本的论述很少，但早在《政府论》（Two treatises of civil government）下半部的第19章对政府的解体进

---

① 邻国义、胡果文、李晓路译注：《国语译注》，上海古籍出版社，2017年，第6页。

行论述时，著者洛克认为，人民不仅有让政府解体的权力，也有拥立新政府的权力，将人民推翻专制政府的行为赋予了合理性①，这一论述建立在书中前几章节关于人的平等状态的论述基础上，可见"人本"和"民本"两个观点之间有相关性，而洛克的论述逻辑是在论述以人为本的基础上，突出民本思想，更具有现实感，是对政府等国家机构的更理性、更直接的分析。

相反，在西方民主思想的现代文献中，出现了对发达国家民主程度的诸多质疑，从近年来各国经济增长的速度及市场前景可以看出，曾经的经济强权国家如今出现了"游戏民主"或"消费者民主"的现象，不如没有雄厚资产背景的发展中国家，在学习中摸索发展道路更具有竞争力。特别是中国在对外市场开放后释放出强大的经济实力，与有效的宏观调控相结合，维护了全球可持续发展②。如今"一带一路"倡议结合儒家"民本"思想，加强了民主意识形态和宏观调控的力度，扩大了对外开放经济的发展规模，是对民主精神的实践。

目前文献中对"民本"思想的研究，大部分集中于民主文化的传播与社会之间的相互作用上，在这方面有很多研究成果，例如理查德·霍加特（Richard Hoggart）的《The uses of literacy》（又译为《文化的作用》），就以工人阶级文化对社会的作用为研究对象，把文化带入社会生活中加以研究，主要阐述各

---

① （英）洛克著，瞿菊农、叶启芳译：《政府论》，商务印书馆，1982年，第128—130页。

② 仇勇：《消费者民主时代》，《环球企业家》，辽宁人民出版社，2013年第2期，第26页。

种文化之间以及文化与社会之间的关系，揭示了文化研究对于社会发展的价值，在人文领域和社会学领域，都具有很强的理论和实践意义。但是现代社会研究的热点聚焦在可视性成果上，在物质文明快速发展的时代，重提文化对于人类社会的影响力，可以使物质文明和精神文明协调发展，如中国古代儒家文化中的民本思想对中国千年历史的发展所产生的作用，仍然影响着国家现阶段的政治、经济、社会、民生等方面健康可持续地发展。

西方研究"一带一路"倡议的学术文献非常少，大部分以地缘政治和地缘经济为主。彼得·康诺利（Peter Connolly）的《"一带一路"来到巴布亚新几内亚：带有美拉尼西亚特色的中国地缘经济学？》（《The Belt and Roadcomes to Papua New Guinea：Chinese geoeconomics with Melanesian characteristics？》）[①]一文中，从经济政治来实现地缘政治或战略目标的角度，通过借鉴巴布亚新几内亚政府（Papua New Guinea）2017 年至 2019 年的资料，对比研究了 2018 年 6 月加入金砖四国后美拉尼西亚发生的变化，了解"一带一路"倡议对美拉尼西亚的影响和美拉尼西亚在合作项目中的具体表现及立场，体现了美拉尼西亚国家在寻求与中国经济合作中最有利于自己的国家利益的方法，对中国调动经济、外交、军事和宣传资源，联合全球力量，用宏伟的合作战略对全

---

① 彼得·康诺利，《"一带一路"来到巴布亚新几内亚：带有美拉尼西亚特色的中国地缘经济学？》印度—太平洋地区的地缘经济学，地区安全研究所，2020 年，第 41–64 页。

球经济产生的影响进行判断和研究，展示了中国对外战略的公众面貌，体现了"一带一路"倡议中的地缘政治成果。

丹麦的 LIXING 教授主编的《聚焦"一带一路"倡议：以国际政治经济学为视角》一书，则主要从西方学者的视角分析了"一带一路"的地缘关系对政治和经济发展的影响，较为客观地提出了鉴于"一带一路"倡议目前的发展现状，所面临的机遇和挑战，为世界各国的经济发展策略提供了有效的参考资料，也让中国的"一带一路"建设能够广泛地吸取有益的建议，争取更好的发展方式。同时，也从侧面反映了西方国家分析"一带一路"倡议的观察点，更衬托了中国古代文明在现代治理中的独特价值，有助于更深入地准确看待"一带一路"倡议的意义。

国内研究综述

国内的相关研究成果大致分为两个方面：一是对于儒家学说和"民本"思想的研究，另一方面是对于"一带一路"倡议对国家政治体系、文化、经济、国土安全、国际关系、民生等具体方面的影响。

在中国人民大学国学院教授韩星所编著的《儒家人文精神》一书中，主要针对儒家思想的精神，从人文学的角度分析儒家思想与现代社会结合的重要性，对伦理、价值观、社会关系等四个方面论述了儒家人文精神的基本内涵：一是在社会政策方面，以人治为中心，辅以物治；第二，在社会伦理方面，重视人的道德，以智为本；第三，在人与神的关系上，以人为先，再论及对神的敬意；最后，论述天意和人的命运的联系，强调了解天意的情况下，做一切通过人为可以做到的努力。重点论述了儒学思想对于人际关系的启示，揭示了人际关系是构成人类群体关系的基础，体现了中国儒家思想的精髓，对儒家思想进行了全面而细致的总结。

在中国政法大学林存光教授所著的《修己以安民——儒家政治文化》一书中，以"安民"为主体，从君民关系客观论述儒家文化对于社会的影响，分析了"民本"思想的由来，并以中国历史上儒家思想与历代帝王之间的历史事实，论证了儒家思想对于政权的作用，从根本上体现了文化对政权的巩固，又突出了文化与政权之间的矛盾。解释了为什么儒家思想以民为本的理念被统治者所采纳，却在运用过程中被约束，无法改变人民被统治者剥削的事实。

在张岱年、程宜山先生编纂的《中国文化精神》中，将中西方文化进行对比来分析中国文化的定义。中国文化是一种综合体，是所有社会活动和研究成果的统一载体①，启迪了中国的发展，这不仅是中国文化的特征，也是中西方文化所存在的共同哲理。书中重点围绕着文化的差异性展开研究，提出"综合创造论"，对中西方文化进行梳理，在肯定了中国传统文化成就的基础上，也提出了不足之处，例如民主思想，以及科学论证两个方面都存在缺陷，因此，对中国文化思想进行辩证的分析，对于把中国文化的精髓融入中国社会的发展有着现实意义。

习近平同志于 2013 年 1 月 28 日在十八届中共中央政治局第三次集体学习期间，所发表的 85 篇讲话要点被编辑成《论坚持

―――――――――――

① 张岱年、程宜山:《中国文化精神》，北京大学出版社，2015 年，第 9—30 页。

推动构建人类命运共同体》，约32万字，阐述了习近平同志如何将中国历史文化运用于治国安邦，并从历史各时期和各国地缘特征上分析了国内外局势和人类命运的相似性，揭示了将国家自身发展与世界发展相结合，在大国外交中求同存异的重要性。通过对人类命运等重大问题的思考，结合中国现阶段的时代背景，分析人类共同体思想的重大意义、丰富内涵和实现路径，构想了人类社会的共同发展实现可持续性繁荣的工程，与《中国文化精神》中所提及的文化综合体的内涵大致相同。

本书将在上述文献的研究基础上，对"一带一路"倡议中"民本"思想的内涵和价值进行研究，论述儒家"民本"思想对人类意识形态的影响，通过"一带一路"倡议的发展，为世界创造丰富的物质和精神文明。鉴于近年来国际形势的发展变化，该研究内容和成果对于促进民生、激活世界经济具有一定的借鉴价值，可以促进每个国家更好地协调国内外大局，牢牢把握为人民服务的宗旨实现民族复兴，推进人类未来共同体建设，促进人类进步，为建设全球繁荣创造有利条件，从侧面反映了人类文明的积累和传承对人类命运转折具有重要意义。

四、研究思路及方法

本书以世界经济发展现状和国际贸易争端作为研究背景，从人文思想的角度将中国古代文化中的儒家经典思想进行提炼，以"民本"思想为出发点，分析"一带一路"倡议的"民本"思想对世界经济、文化、政治等方面起到的积极作用，从社会和文化之间的辩证关系层面，通过研究"民本"思想对"一带一路"倡议的影响和"一带一路"倡议对"民本"思想即儒家文化的传播，分析在社会经济发展的过程中，人的精神领域有怎样的价值以及人文思想怎样引导并维持人类社会的进步，探索"一带一路"倡议在世界范围内的未来发展前景和对于人类共同体构建的影响，寓意人类在实践中的特定价值观证明自己存在的意义，因此，人类文明逐步进入了意识形态作用于政治实践，化解国际争端的创新模式。

以上是对本书研究思路的概述，在具体分析和论述中，主要运用了以下几种研究方法：

文献研究法：通过收集相关的资料，找到研究的现实依据，了解问题的研究背景和现状，尽可能全面地进行分析。

描述性研究法：叙述或解释别人的已有论证，对已存在的现象、规律和理论通过分析和验证，定向地提出问题，揭示弊端，描述现象，介绍经验，例如在文献研究的基础上，对资料进行归纳总结，阐述儒家"民本"思想在国家发展中的现代价值与现实意义。

跨学科研究法：运用哲学、政治经济学、心理学的交叉联系，开展综合研究，并验证研究结果。

统计分析法：对研究对象的规模、速度、范围、程度等数量关系的分析研究，认识并揭示事物间的相互关系、变化规律和发展趋势，以达到对事物的正确解释和预测的一种研究方法。

模拟分析法：依照原型的主要特征，创设相似的数据模型，然后通过模型来间接研究原型。

五、研究框架与主要内容

研究框架

图1 主要研究框架

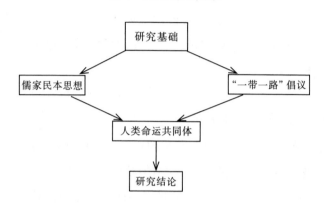

主要内容

本书以"一带一路"倡议受到儒家"以民为本"思想影响和启示的关联部分为研究对象，研究目的旨在，通过分析"一带一路"倡议里体现的儒家"民本"思想，验证以人民为中心的发展思想对国家发展和人民生活的重要影响，从世界发展与人民生活相关的角度论证物质基础决定上层建筑，上层建筑反作用于经济基础的观点，强调只有发展经济才能落实以人民为中心提高人民生活水平和品质，而人民的取向，直接影响到经济发展的方向，并作用于经济发展，使人民的生活更具幸福感。国家的中心思想对于国家的发展具有很重要的指导作用和决定性影响，只有突出思想的价值，才能更清晰地落实国家发展方针，并保证国家行为的有效性和可持续性。本书主要研究内容有：儒家"民本"思想产生的背景，发展历程、核心观点、影响、价值，"一带一路"倡议的宗旨、以人民为中心的价值等，对"一带一路"倡议下中国经济的重要发展途径和中国整合国际经济、政治、文化等方面的实践进行研究，从人文学科分析中国经济力量对"一带一路"共建国家的贡献：由体现儒学里的"民本"思想造福人民而达成世界范围的人类命运共同体，并对"一带一路"的宗旨和价值做实证分析，突出了地缘政治格局成就全球地理、经济、金融、技术创新中心的综合指南。

第2章 "一带一路"倡议的基本理论

2009 年金融危机对全球的经济、社会状况产生了重大影响，人民对各国政府部门管控水平的要求有所提升，全球政府都在努力探索更快刺激经济回暖的策略，为人民探索优化民生的新途径，根据各地区的不同条件和发展背景，选择有效的治理策略。

"一带一路"倡议是中国的顶层合作倡议。2013 年由国家主席习近平倡导，秉持合作共赢的理念，为了更好地实现经济流通，希望在项目施行中体现"五通"合作：第一强化政策体系沟通，第二强化交通干线畅通，第三强化对外贸易联通，第四强化经济交易融通，第五强化人民心意相通。"五通"是"一带一路"倡议的内涵，通过"五通"系统指标，提高了中国与"一带一路"共建国家之间的合作。虽然建设"一带一路"的主要目的是促进国际经贸往来，但它不仅是一种经贸倡议，还是一条国与国之间政治、经济、文化、信息、法律的连接纽带，通过加深相互了解增加合作机遇，共同建设人类命运共同体。

作为历史文化的起源，儒家思想为了国家治理和社会管理而效力，弘扬儒家思想促进了人类的共同发展，是政治、经济、文化发展的重要历史机遇。"一带一路"倡议是中国在新时期的一项重大倡议。从国家发展的全局考虑，在"一带一路"倡议中进一步发展中国传统文化，是国家产业体系改革的巨大助推力。儒家思想是中华文明的代表，对民族文明的传播产生了深远的影响，它的发展现状使社会、政治、经济、外交等各个方面产生了不同的变化。在"一带一路"倡议中体现的中国儒家思想，通过文化交流促进了世界各地民族之间的文明互通，进而带动了外贸经济和社会其他领域的发展。因此，在"一带一路"倡议中加入儒家思想精髓，不仅在世界范围全面扩大对外开放，传播中国传统文化，也展现了中华民族文化的软实力，为全球共同治理打开了新格局。

"一带一路"倡议目前在欧洲和中亚地区有三十四个国家（包括欧盟的十八个国家），在东南亚有六个国家，在东亚和太平洋地区有二十五个国家，在撒哈拉以南非洲有三十八个国家，在中东和北非有十七个国家和地区，在拉丁美洲和加勒比地区有十八个国家，是目前中国向世界提供的范围最广并由最高领导人倡导推动的国家倡议，是在中国古代丝绸之路的发展基础上为沿线经济体开辟了合作新途径的国际平台，具有千年锤炼的文化和经贸合作经验。第一，"一带一路"起源于亚洲，亚洲经济也必将因此而受益，习近平同志曾指出亚洲国家必须努力成为实现区域一体化的重点；第二，以经济建设为基础，构筑合作；第三，扩大基础设施，加速亚洲发展、融合，优先建设铁路和公路；第四，金融平台建设是关键，是经济一体化的基础[①]。中国"十三五"发展规划包括"一带一路"倡议、京津冀发发展战略和长江经济发展规划等，这些都是中国以现阶段最高的质量水准参与的，提供了最高技术标准的合作，为的是牢固当前合作国家区域的经贸发展基础。据目前估计，其经济总量可达 21 万亿美元，体现了"一带一路"倡议重视的不仅是经济贸合作，更重要的是和平、沟通、理解、宽容、合作的精神，这是加快国家对外贸易改革、坚定各民族自信的重要途径。

图 2 "一带一路"倡议区域

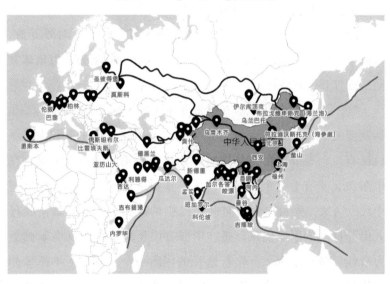

摘自：从"一带一路"图示看中国的格局有多大。

---

① 秦光银：《"一带一路"建设与中华优秀传统文化传播融合机制探究》，《中学政治教学参考》，2019 年第 9 期，第 26—29 页。

一、"一带一路"倡议的历史背景

中国"一带一路"决策的全称为：丝绸之路经济带和21世纪海上丝绸之路，简称"一带一路"，是中国在2013年提出的跨国经济带建设构想，也是中国国家核心领导人延续了中国千年的丝路精神，与世界各国交流深化合作共赢的倡议。

中国最早的丝绸之路指的是欧亚北部的丝绸商路与南方的中国茶马饮水古道商路。从中国内陆出发，以张骞出使西域的长安为出发点，到达中亚河中地区、伊朗，直至欧洲。它是中国古代文化与经济的传播通道。由于古代丝绸在贸易途中传入世界各地，广受欢迎，当时德国地理学家Ferdinandvon Richthofen将这条以丝绸贸易为主的东方连接西方贸易和文化交流的要道命名为"丝绸之路"，中国的丝绸之路由此而得名。陆上丝绸之路可以划分为东西中三段，三段其中另作划分。东段：从长安直到玉门关、阳关（西汉时期由张骞开辟），西段：从葱岭往西经过中亚、西亚直到欧洲（东汉开辟），中段：从玉门关、阳关以西至葱岭（西汉开辟）。至古代三国时期，海上丝绸之路的运输航线已发展较为完备，包括南道、中道、北道三条航线，每条航线都由许多交通干线交织而成，在海上连成一片运输网。

丝绸之路已有近两千年的历史，耶鲁大学历史教授、著名汉学家芮乐伟·韩森[①]认为：丝绸之路之所以在中国历史上能够享

---

① （美）芮乐伟·韩森（Valerie Hansen）：《开放的帝国：1600年前的中国历史》（The Open Empire：A History of China to 1600），社会科学文献出版社，2016年6月，第96页。

有盛名，并不在于贸易的货物量以及贸易涉及的人数，而在于此
条路上来往的使臣互通并发展了人类文明。丝绸之路不仅是中国

图3 中国古代丝绸之路路线

陆上丝绸之路

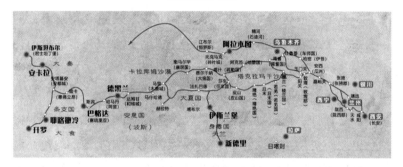

海上丝绸之路

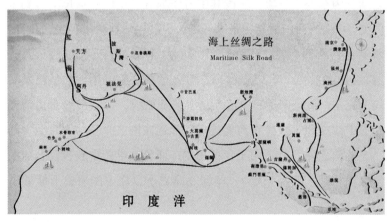

资料来源：高亚芳、王力编著，《一张图表看懂丝绸之路》，中华书局，
2016年。

最早以通高为目的陆运通道和航道，也是中华文明的传播之路。公元前140年，中国朝廷派出大批船只，携带大量丝绸和黄金，途经泰国、越南、缅甸和今日的马来群岛，启程前往印度。用所带物品和黄金换取当地的特产，如香水、食品和配饰，再经斯里兰卡返回。在途中与邦外各国和地区的文化交流中，儒家思想逐渐沿着丝绸之路一路流传至欧洲，儒家文化中的"仁""礼""安天下"等思想，对丝绸之路的和平与繁荣发挥了重要作用[1]，而儒家思想也因此被其他国家认为是中国古代最伟大的文明之一，既促进了古代中国与邻邦的外交互信，又扩大了中国的政治影响力。

从15世纪到18世纪，特别是在人类发现了新大陆之后，欧洲人频繁地扩张国际海上领域，开辟了广阔的海上航程。与传统的通商不同，这是一种用武器和弹药扩大殖民主义的方法进行的商业活动，通常是通过武装战争和掠夺来进行的。与西方殖民主义的追逐权势和野蛮扩张相反，15世纪初，中国古代明朝著名航海家郑和，曾被朝廷委任七次带领当时最强大的船队，二百余艘船只，共装载约2.7万人，横渡太平洋和印度洋，抵达亚洲和非洲的三十九个国家和地区。虽然明朝拥有当时世界上最强大的船队，但在海上进行贸易时，郑和给沿线各国带来的是瓷器、中药和历法，将中国的文化、医药、科技的文明传播至西方，这是由于明朝永乐帝受到儒家"仁政"思想的影响，在出访

---

[1] 包广将、杨沛鑫：《身家国天下："一带一路"合作中的四层价值体系》，《东南学术》，2019年第3期，第130—139页。

沿线各国时彰显了仁礼二德的外交原则，展现了冷静友善的大国外交理念，彰显了儒家的"仁""礼"思想，影响了所到的各个区域。从明朝这样的事例可以看出，中国的儒家思想通过海上对外贸易传播到了更远的国家，渗透并影响了其他民族的文明，中国古代海上丝绸之路是儒家思想利用文化资源，实现政治文化沟通，对境外文明产生影响的历史见证。

二、"一带一路"倡议的概念

中国古代的丝绸之路从大陆沿线出发，将欧洲作为终点，经南海到印度洋，通向欧亚北部的丝绸商路，实现了东南亚、南亚、中东、北非及欧洲的共同发展。

"一带一路"倡议延续了丝绸之路的线路和构想，为了实现中国与东盟的战略合作，拓宽合作领域，按参与国现在的地理位置，分为两个路线走向：第一个走向是从中亚到俄罗斯再到欧洲，第二个走向则是从中国新疆到巴基斯坦再到印度洋，直至到波斯湾及地中海一带的各个国家。

首先，"一带一路"倡议的"一带"指的是"丝绸之路经济带"，分为境外和境内两片区域，境外陆上区域主要指位于亚太、欧洲、中亚地区，是距离中国古代丝绸之路主线较近的国家，例如俄罗斯、哈萨克斯坦、乌兹别克斯坦等，境内的陆上区域主要指位于中国的西北地区，包括陕甘宁青和西南部的广、滇、川等地区。其次，"一路"指的是21世纪海上丝绸之路，自古以来，海上丝绸之路就是沟通中国和西方经济文化的重要途径。是根据中国实际发展的需求，21世纪海上丝绸之路是为了连接东盟、南亚、西亚、北非、欧洲等重要经济板块的市场，发展面向南海、太平洋、印度洋的战略合作，以亚欧非经济商业一体化为长远目标。

在"一带一路"倡议的规划中，中国新疆的丝绸之路经济带核心区，福建省的海上丝绸之路核心区，博得头筹，获得了前所未有的商机，而其他相邻区域包括苏、浙、闽、粤、广、鲁、海等省市也得到了带动和发展。

"一带一路"倡议的定义

"一带一路"是一个合成名词，既有国家战略方向，又包含了对国家发展前景的构想，是 2013 年习近平总书记在访问哈萨克斯坦，在纳扎尔巴耶夫大学的演讲时所提出的理念，全称是"丝绸之路经济带"和"21 世纪海上丝绸之路"，即"一带一路"倡议，简称"一带一路"。2015 年 9 月 23 日，经国家发展和改革委员会和外交部、商务部等部门共同商议，决定将"一带一路"倡议正式译为"the Silk Road Economic Belt and the 21st-Century Maritime Silk Road"， 或 the Land and Maritime Silk Road initiative，简译"the Belt and Road"，英文缩写为"B&R"。

"一带一路"倡议的基本特征

"一带一路"倡议是中国以全球化开放发展为目标的时代构想，是发展中国家以互利共赢为目的，探寻对外贸易发展机遇的尝试，是中国为实现人类共同繁荣，向世界提供的区域性国际公共产品。主要有以下基本特征：

（1）兼容性

中国对外发布的公文中将"一带一路"的主题定为"倡

议"，译为"initiative"，且使用单数。而没有使用"strategy"
"project""program""agenda"等措辞，从字面上分析具有
几层含义。首先，强调了"一带一路"是一种尝试和探索，是
初次提出并首次投入实践的概念；其次，"一带一路"倡议由
中国独立倡导，是中国在经济发展全球化的时代以发展中国家
的身份向世界提出区域性战略性构想，并保障相关合作项目
的实施和多国之间的交流，体现了大国担当。"initiative"的
单数用法突出了一国倡导与多国合作之间的对比，强调了"一
带一路"倡议的兼容性。"一带一路"倡议对于参与国没有资
质要求，只要有意愿与中国共同发展并可以对接"一带一路"
倡议的内容，都可以签订共建"一带一路"合作协议，成为"一
带一路"的新兴经济体。

　　"一带一路"倡议包括中国和其他国家之间签订的双边和
多边合作协议，最初只限于亚洲、欧洲和非洲，后来已扩展到
太平洋区域和拉丁美洲，旨在促进处于不同发展阶段、具有不
同价值观和不同经济、政治和文化制度的国家和平相处并共同
发展。虽然参与国的意识形态和体制各不相同，但中国"一
带一路"倡议强调不干预他国内政的原则，为了金融问题的整
合和投资政策的协调，对所有国家提供了和平合作、开放包容、
广泛协商、共同进步的合作平台，在共同建设中相互学习，共
享利益，提高合作水平，推动全球经济高质量、公平和健康的
可持续发展，构建人类共同的未来。"一带一路"倡议的精神
和模式已得到了其他国家认可和采用。哈萨克斯坦前总统纳扎
尔巴耶夫曾声称强大的中国模式可能比西方模式对哈萨克斯坦

更有利，他在本国推动的实用主义现代化建设计划与中国"一带一路"发展模式有相似之处，这意味着"一带一路"倡议的国际兼容性较好。

（2）联动性

"一带一路"倡议是通过中国主导的对外贸易合作带动国际区域板块共同走强的构想，通过联动效应为经济体创造福利。有人把"一带一路"倡议比作中国的马歇尔计划，这存在基本概念的理解误区。马歇尔计划是第二次世界大战之后美国为了巩固强权地位制定游戏规则，在欧洲各国开展并实施的对外经济援助计划。

中国"一带一路"倡议与马歇尔计划的本质区别在于马歇尔计划只是对外援助，而对外援助只是"一带一路"倡议的部分内容，中国是基于平等合作的原则与其他国家共享共建成果。为了适应全球一体化的趋势，在基础设施建设、政策文化沟通、对外贸易等方面，通过与合作国的互通有无，运用战略性眼光将世界民族间的发展命运融为一体，具有很强的联动性。

近年来，生产力的分工已经不再受到地域限制，"一带一路"沿线经济体之间贸易成本的潜在下降导致了贸易附加值的超比例增长。"一带一路"倡议通过改革国内政策，开发新的基础设施项目，减少贸易障碍，降低贸易成本，由于中间产品在全球价值链中多次跨境，贸易成本降低从而带来可观的贸易收益，对区域性商贸流通产生巨大影响。尤其在经济联通效应的影响下，东亚和太平洋经济体对商品的需求和供应旺盛，这代表了"一带一路"倡议有机会将更多国家纳入全球价值链（GVC），沿线经济体之间的区域内贸易额会持续上升，越来越多的国家将融入全球价值链，共荣共存是不可阻挡的趋势。"一带一路"倡议是由中国主导的共建构想，但建立在沿线经济体的联动基础上才能更好地推进项目合作，根据市场的实际需求，运用国家宏观调控解决在实际运营过程中遇到的问题，所以"一带一路"倡议的联动性充分保障了国际对接和沟通的可能，带动了沿线经济体的共同发展。只有顺应发展趋势，践行共商共建共享的原则，才能适应外部环境变化，平衡各方利益，达到共荣共赢。

（3）"一带一路"倡议的功能

"一带一路"倡议具有战略对接功能，需要在各国政府之间，各国政府与各国企业之间，进行项目对接，协调各方运作，因此，在"一带一路"倡议的基础上，由中国国内企业牵头成立了"一带一路"政企对接平台，专门服务于"一带一路"沿线主要政府和中小微企业的对接。

因为各个国家资源分配不同，经济水平差距较大，如果进行合理对接，就可以获得互补和双赢，面对有些地区资源或劳动力过剩、基础设施建设和产业基础薄弱的情况，把市场、企业、产品、利益和商业环境在严格审核后重组，优化了资源配置，维持了供需平衡，用合作共赢的态度，引进高效资源优化对接模式，获取利益最大化。

中国是全球第二大经济体，外汇储备排名全球第一，基础设施建设能力强，劳动力资源丰富，宏观调控能力强，作为"一

图 4 "一带一路"倡议对接示意图

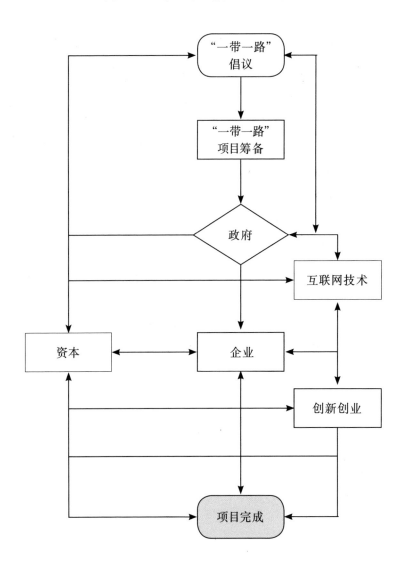

带一路"倡议的主导国家，有能力为政企对接和资源互补提供服务，发挥"一带一路"倡议的对接作用，不是独揽运作资源，而是通过互联互通，保障资源重组优化配置，进行优势互补，为了促进共同利益体的形成而创造调整的条件，为参与国共同的目标提供助力。

"一带一路"倡议是由中国主导的具有对接功能的区域性国际公共产品，带动了"一带一路"沿线区域的经济发展，传承了儒家思想求同存异、共同富裕的精神，与以往的"丝绸之路"既存在互利共赢的相同之处，又体现了不同于古代"丝绸之路"的特征，即在各国间平等互利的原则基础上，进行战略性对接，而不是由一国承担或者决定在国际产品的供给中所有的合作规则，这对合作中出现的地缘政治多样化、经济结构不相同以及货币体系不统一等系列问题，提供了比较灵活的解决模式，并以国家为主导有效地进行宏观调控，强化政策支撑。

在"一带一路"倡议提出后，各方面都取得了不同的进步，面临的挑战也随着机遇逐步增多，主要体现在东南亚地区工业进展缓慢，以及国际合作落实难等。

这都是目前"一带一路"倡议所需要面对的主要问题。以下为在"一带一路"倡议下，至 2018 年所进行的各国间主要战略对接的情况：

表2　参与国"一带一路"倡议对接情况

国家/地区	签订年份	"一带一路"关联政策名称
韩国	2015	《欧亚倡议》("一带一路"和"欧亚倡议"共识))
越南	2016	"两个经济走廊和一个区域'合作'"(共建"一带一路"和"两廊一圈"合作)
印度尼西亚	2018	"全球海洋基础建设"("一带一路"和"全球海洋支点"建设)
俄罗斯	2017	欧亚经济联盟建设(关于丝绸之路经济带建设和欧亚经济联盟建设对接合作)
哈萨克斯坦	2014	"光明之路"经济政策("丝绸之路经济带"建设与"光明之路"新经济政策)
沙特阿拉伯	2017	2030远景规划("一带一路"倡议同沙特"2030愿景"合作)
蒙古	2017	'PrarieLoad'("一带一路和"草原之路"建设)
欧盟	2018	"欧洲投资计划"("共建"一带一路"倡议同欧盟的欧亚互联互通战略、欧洲投资计划、"泛欧交通运输网络"等)
东盟	2016	《东盟网络互联互通总体规划2025》("一带一路"建设与《东盟共同体2025愿景》《东盟互联互通总体规划2025》)
波兰	2016	《负责任的发展战略》
土耳其	2018	《"中间走廊"倡议》("中部走廊"计划和中国的"一带一路"兼容)
塞尔维亚	2017	"再工业化"战略("一带一路"倡议与塞再工业化战略对接")

资料来源：中国一带一路网，已同中国签订共建"一带一路"合作文件的国家一览。

在这些对接项目中，2017年与俄罗斯的欧亚经济联盟建设和与蒙古国的"Prarie Load"（"一带一路"和"草原之路"建设）与其他项目不同，该项目是为了外部需求而做的投资对接，而中国"一带一路"其他建设项目大部分建立在独立践行投资计划的基础上的。

（4）"一带一路"倡议指标：五通

"一带一路"的大部分项目是与经济相关的内容，如五通中的设施联通（优先领域）和贸易畅通（中心内容）；资金融通（重要支柱）等三通均为经济领域，政策沟通是为实现经济三通而进行的政府或企业间的政策协调或协商，民心相通是支持上述四通顺利进行的民间交流或社会合作平台。

政策沟通是"一带一路"的首要任务，被列为"五通"之首，所有建设都必须依靠政策加强对合作的充分沟通，共同完成区域合作规划，解决现实问题，主要针对大型合作项目实施的需要；设施联通以建设交通基础设施和信息联通为主，保障通商所需要的所有实体或虚拟的传输通道建设，是"一带一路"建设的中心部分；贸易畅通主要致力于解决贸易壁垒问题，促成贸易标准化①，协调与其他国家直接的贸易合作顺利进行；资金融通是在一带一路建设过程中根据各方需求，经风控体系评估后，由中国提供可以长期、稳定，可安全投入的多元化货币资源，这是"一带一路"发展的核心力量；民心相通是支持上述四通顺利进行的民间交流或社会合作平台，通过

---

① 孙加顺：《贸易促进与标准化协同发展》，《中国标准化》，2021年，第38—41页。

信息沟通、文化交流、宣传互动等方式，理解各国人民的需求，加深国家之间互信度，是"一带一路"倡议平稳实施和国际秩序安定的保障。

表3 "一带一路"项目主要资金来源

名称	建立	属性	目标	金额
丝路基金	2014.12.29	中国银行中国企业	支持"一带一路"项目	400亿美元+1000亿元人民币
亚投行	2015.12.25	多方开发银行	支持基础设施建设推动亚洲经济持续发展改善基础设施互联互通	1000亿美元
NDB	2015.7.15	多方开发银行	支持金砖国家和发展中国家基础设施建设和持续发展	500亿美元

"五通"是"一带一路"倡议的基础，通过互联互通，在建设中减少了运营成本，提高了利润，提升了中国在全球的影响力，为中国在国际上的话语权增加了筹码。通过加强周边国家和其他合作国家的公路、铁路等物流基础建设，加速了国际化交流，促进了经济共同增长，在公共基础设施建设方面解决了许多实际问题，为生产创造了新的条件。通过加强与周边国家的交流，有效分配资源，促进利益共同体的形成，如：扩大签署自由贸易协定（FTA）等，活跃了区域经济圈，消除了贸易壁垒，扩大自由贸易区建设，并设立了专门为了推动"一带一路"完善升级的亚洲基础设施投资银行，用丝路基金，金砖国家新开发银行（NDB），充分利用了中国潜在的资金实力，优化了资金结算结构，

给"一带一路"倡议提供坚强的资金后盾，促进了人民币国际化进程，通过多国共同监督合作用多边主义协作机制维护了国际自由贸易的秩序。

表 4　丝绸之路基金、AIB、NDB 的比较

器具	规模
丝路基金	400亿美元+1000亿人民币
中俄区域合作发展投资基金	1000亿元人民币
国家开发银行"一带一路"基础设施专项贷款	1000亿元人民币
国家开发银行"一带一路"产业合作专项贷款	1000亿元人民币
国家开发银行"一带一路"金融合作专项贷款	500亿元
进出口银行"一带一路"专项贷款额度	1000亿元人民币
进出口银行"一带一路"基础设施专项贷款额度	300亿人民币

资料来源：新华网，新华社《推动共建丝绸之路经济带和21世纪海上丝绸之路的愿景与行动》；亚投行 2016-2019 报告

在全球经济发展受到疫情冲击的情况下，返贫现象明显。而此时，中国在脱贫工作上取得了成效，古语有云"穷则变，变则通，通则久"，中国"一带一路"倡议是应对新形势的变通对策，基于互联互通的理念，该理论源于互联网技术，现比喻中国在不同区域之间，将空间网络化，建立互通有无的渠道，确保设施联通、资金融通、贸易畅通，努力实现"四海之内无饥馑"的目标。

（5）总体思路

"一带一路"四项倡议的总体精神是共同发展合作、互利平等共赢、开放互信包容与国际互学互鉴，总体发展思路是通过这四项倡议精神共同建设一个政治开放互信、经济开放融合、文化开放包容的人类命运共同体。具体内容包括三个方面：

第一个方面是确定合作目标，"一带一路"跨幅较大，横跨了亚洲、欧洲、非洲地区，贫富差距不等，资源分属情况不同。参照丝绸之路经济带与中国海上丝绸之路经济带，可以进行合作区域的划分，其路径包括三个方面，第一条是从中国出发至中亚、俄罗斯、欧洲波罗的海，第二条路则是中国至地中海区域，途经中亚和西亚地区，第三条路则是中国至东南亚，经南亚至印度洋区域。

第二个方面在于依赖于中国经济发展较为靠前的城市，作为国际经贸合作产业综合核心园区，建设国际运输物流通道，更好地实现国际物流的发展。

第三个方面是在前两者基础上，推动区域经济一体化进程。"一带一路"建设是中国主导的与共建国家开展经贸合作的设想，主要目的是通过互信互利、互学互鉴、求同存异、共同合作使各经济体之间能够互联互通，提高通商效率，提高信任度，建成区域经济一体化的发展格局。同时加强区域间的精神文明的建设，通过"一带一路"的经济建设为民族文化的交流和融合提供更多的机遇，为了维护世界安定团结而努力。

因此，"一带一路"倡议需要加强政府之间的合作和沟通，增加高层对话，增加各民族间的文化互动，营造相互信任、相互理解的政治互信度，共同参与制定合作方案，加强国家间的联动机制，建立安全稳定的经济秩序，协商解决合作难题，为世界人民的共同富裕而努力。

三、"一带一路"倡议的使命和原则

在进入和谐社会的新时代，中国传承了儒家文化的经典思想，以礼待人，以和治国，以人民为先，为"一带一路"的提出奠定了扎实的理论文化基础，为它的顺利发展提供了丰富的历史经验。"一带一路"倡议提出后，继承了儒家以人民为先的思想，坚持正确的发展方向，有担当，不忘初心，在各区域领域都取得了很好的成绩，受到了国内外的高度关注，在过去七年欧亚非各国的共同参与下，结合地缘政治、经济逻辑、文明交流等，得到了各种有意义的评价。

通过"五通"，使"一带一路"沿线各国之间的连接更紧密，沟通更顺畅，政策沟通更和谐，合作项目更有保障；设施联通更便捷，基础建设更发达；贸易沟通更自由，合作项目更多样；资金融通更多元化，提供了强力资金支持；民心相通更亲密，各国人民的共同利益更加一致。

"一带一路"倡议的使命

"一带一路"倡议的提出和实施非常符合中国在当前时代和社会大背景下的需要，经历了四十多年的改革开放，中国无疑迎来了飞速的发展，但是，在这一过程中同样需要认识到的是在不知不觉之间中国的发展也面临着瓶颈时期，如何有效冲破瓶颈，赢得长期、稳定的发展，这是亟需深思和解决的问题，而"一带

一路"倡议毫无疑问是现阶段比较行之有效的方案，构建区域联合体，促进共同发展，无论是从国内还是国际层面来说，这都是一项值得去推广和实施的重要方略，不仅对于本国的综合国力发展有利，同时也对其他参与国在世界范围内的地位和影响力的提升，大有帮助。

与美国的国际援助项目"马歇尔计划"相比，中国"一带一路"倡议着重在于分享，强调的是中国与参与国之间的共同参与，共同建设，共同享有，共同发展，所以需要加强"五通"建设，这与美国单向输出的国际援助计划有所不同，并且在"一带一路"建设的项目中，所包含的不只是国际物质援助，还包括了众多非物质文明的共同建设和交流，因此这也比一般的国际援助项目涵盖面更广，内涵更为丰富。从目前"一带一路"倡议的进行状况看，体现了三大使命。

（1）金融危机后时代，通过发展对外贸易合作探索经济复苏之路。

"一带一路"是中国在抑制金融危机的负面影响的一种遐想，将自身的改革开放得到的成果，以及在改革开放中所积累的经验和教训，通过优势互助，共享给有需求的国家尽可能地消除存在的短板，实现公平获利，用共同富裕的传统理念和以和为贵的合作精神，建立可长期合作的经济发展伙伴关系，尝试消除外部消极环境因素和不可抗因素的负面影响，实现国际经济一体化发展的创新，这一战略是在当前上合组织、中国—东盟以及欧亚经济联盟等原有体制上的进一步升级，发挥了以民为本思想的深远意义和国际影响力，进一步促进了中国和周边国家的深层次了解与合作，促进了区域范围内经济、文化的和谐共生，带动了中国与欧亚非等众多国家更加深层次的合作与交流，提升了中国的国际地位和影响力，使中国的改革开放和经济发展水平，达到了新的高度。根据中国的发展历史，可以看出沿海地区无疑是优先发展的重点区域，并且目前的一线大城市，多数也集中在沿海地区，但中西部地区相对落后的现状，也是必须面对和考虑的问题，随着东部与中西部经济发展差距越来越大，越来越不平衡，因此，中国也在逐渐着眼于中西部的建设和发展，而"一带一路"作为中国的新时期的主要方略，肩负了实现全国区域化发展重要目标的使命，涵盖了促进中西部发展的内容，通过"一带一路"与共建国家和地区建立的经济合作伙伴关系，实现了政治经济往来，建设互通设施，消耗了西部大量的工业产能及劳动力，确保中国的各种能源以及粮食所需，从而实现中国西部的开发，振兴中国经济。既带动周边国家和地区经济、文化的发展，同时也积极缩小国内沿海地区与中西部省份的差距，实现全国范围内的协调与可持续发展，更积极地与周边国家和地区建立起长久、密切、友好的合作关系，实现资源共享、互惠共赢，共同向着新时代共同出发，坚实迈进，一往无前。

（2）以促进人类共同发展，保障世界人民的利益需求为出发点，进行建设和发展。

当前海洋经济依然占据着相对主导的地位，目前世界上发达的、比较富裕的国家基本上都靠海，有着比较丰富的资源和能源，无论是沿海的国家还是沿海的地区，整体来说，都比内陆的国家和地区实力要强大。由于近代的工业革命和资产阶级革命起源于欧美，所以很长时期内，欧美发达国家都堪称世界的中心，他们肆意扩张，扩大殖民地和势力范围，因此让很多国家失去主权和领土完整，沦为殖民地或者半殖民地半封建社会。由于强权国家绝对实力强悍，通常以世界的主人自居，而把广大的亚非拉地区看作是自己的附庸和任自己宰割的对象，因此造成了世界范围内制度、体系和发展的不平等，随着新时期的到来，越来越多的国家开始走向独立自主，因此新的社会秩序也受到了越来越多的呼唤。在欧美地区，产生了近代全球化进程并逐步发展；在东亚地区，以平等互惠、共同发展为基本原则的"一带一路"倡议，也开始受到了越来越广泛的关注、支持和拥护。在这项政策的指引下，中国的内陆地区，受到了更加广泛的关注和重视，获得了前所未有的发展，和沿海地区的差距正在逐渐缩小。而相邻的东北亚等地区也获得了较大的发展空间，国际地位和人民的生产力以及生活水平有了显著提高，一定程度上打破了欧美国家在一些领域的垄断格局和固执偏见。由此，中国在世界范围内收获了更多的朋友和合作伙伴。

从当前国际经济体人口分布情况来看，参与"一带一路"重大项目工程建设的发展中国家和发达国家、地区分别占了2020年全国和世界的三分之一，覆盖总体和地区内的人口约四十六亿，相当于世界总人口的三分之二。习近平总书记在党的十九大经济工作概要报告中再次明确指出："努力加快构建一个关系人类社会自然文明命运社会利益关系共同体。"当今世界在全球经济结构变革、大结构转型调整、全球经济周期震荡中，极有可能出现巨大的国际风险，面临严峻的国际挑战，只有用文明的融合有效调节政治分歧、以国际和平政治协商作为机制有效化解许多国际争端，共建全人类共享的绿色和谐家园。因此，"一带一路"项目建设不仅能够为各个发展中国家的经济建设提供更多机遇，还有可能集合多国之力，为全人类的生态文明与和谐发展共同做出巨大贡献。

（3）全面深化改革开放，助推 21 世纪区域合作新模式。

在全球经济贸易寻求创新思路的时代，中国提出"一带一路"倡议，在中国改革开放取得长足进步的基础上应运而生，运用了区域合作、全球经济一体化等理论，为中国的全面对外开放做铺垫，遵循共商共建共享的原则，从马歇尔计划对外援助计划中吸取经验，提供区域性国际公共产品的供给，为新时期的国际合作增强了可行性。

"一带一路"倡议所包含的"经济带"概念突破了传统发展经济学理论，提倡地域经济合作模式，在"六廊六路多国多港"的区域结构下，以部分国家为重点，确定发展方向，充分发挥亚投行和丝路基金的支柱性作用，为"一带一路"建设打造跨国标志性合作。不仅在经济贸易范围通过与沿线经济体签署相关自由贸易协定，提升对外贸易实力，增加外贸收益；同时，在"一带一路"倡议的背景下广泛开展文化交流，通过对人民思想和价值观的对接，促进与合作国家之间的信任和支持，为落实"一带一路"倡议的可持续发展、平稳发展创造社会条件。

而中国自从改革开放以来的巨大发展和变革，无疑也证明了自身政策和制度的优势与准确性，在受到西方的一些强权国家的偏见和嘲笑之后，中国人民坚持发展，在改革开放过程中，获得了实际的利益与好处，不仅解决了几千年的温饱问题，同时逐渐走向了以往难以想象的小康乃至富裕之路。当然在这一历史进程中，应当平衡好改革、制度以及发展之间的关系，促进经济、社会、文化等层面的全面可持续发展，在促进国内产业结构的升级和经济文化水平提升的同时，将中国的先进文化和理念传播给其他爱好和平、想要发展的国家和地区，提供参考。

"一带一路"倡议拓宽了国际视野，摆脱了固有的束缚，为未来长期的可持续发展和稳定奠定了基础，体现了中国的大国气魄和实力优势。

"丝绸之路经济带"是当前的一个重要的概念，在某种程度上，也是一种创新，与以往的经济同盟架构有着明显的区别，具有更大的自由和可操作性，其根本思想是自由、平等、团结，在这一过程中，不同国家的文化、经济和政治制度，都得到了尊重，共同参与促进了个体经济和文化水平的提高。

"一带一路"倡议的原则

"一带一路"倡议以人民的理想信念为先，通过和平共建的途径，在经济政策协调下促进市场要素自由流动、高效对接和深度融合，用政策沟通和区域合作积极探索更广泛、更高水平、更深层次的区域合作和全球治理模式，共同构建开放包容的区域经济体系和符合各国利益的区域经济合作框架。"一带一路"倡议的原则具有中国特色，传承了儒家思想的义利观，秉承共商、共享、共建原则，恪守联合国宪章的宗旨和原则，遵守和平共处五项原则，坚持开放合作、和谐与宽容、市场化运作、互利共赢。

（1）义利统一

义利观是结合儒家思想的中国特色理念，它源于中国传统文化的合作共赢，与人类命运共同体具有内在的一致性。正确的义利观，简单地说就是做到义利统一，将"义"放在核心的位置。孔子曾曰："君子喻于义，小人喻于利。"[1]这也是中国千年以来始终在强调的思想，是中国政府治国理政，处理与周边国家和地区关系的一项历久弥新的重要原则，尽管历史久远，但是对于中国今天的发展，以及国际关系的处理，依然有较大的借鉴意义。

义利统一的原则表现了中国目前的发展理念，以及内敛含蓄、与人为善的品质，也体现了中国对于经济可持续发展以及与周边睦邻友好的追求和政策导向。在这一过程中，政府和企业各尽其职，以政府为主导，遵守并坚决执行义利统一的原则，从大局出发，建立起可持续发展的秩序和制度。

在现代国际社会中，经济利益置于优先位置，由此导致了很多的政治活动已经以经济发展为导向，在义和利上侧重于对利的追求。中国处于发展中国家阶段，和谐是一切发展的基础和保障，因此在社会实际建设中坚持"义利统一"的原则，不仅要满足人民对物质的需求，更需要实现与物质需求同步的精神需求，使物质文明和精神文明和谐发展。"义利统一"源于儒家民本思想，是中国几千年来政治文化积累的宝贵经验，对国家治理起着重要的影响作用，并且对今后发展方向有着重要的参考价值。"义

---

① 王超译：《论语》，北京联合出版公司，2015年，第27—32页。

利观"的解释出自《左传·成公二年》:"礼以行义,义以生利,利以平民,政之大节也。"意思是礼用来推行道义,道义用来产生利益,利益用来使老百姓太平,这是治理国家的重要的准则,基于以民为本的思想,表达了对利益追求要与民间的道义水平相一致的思想,是儒家民本思想中重要的观点。同样,在当今社会的发展过程中,如果只追逐利益,不考虑人伦道义,是无法完成现阶段对于和谐社会的建设的。

在"一带一路"倡议落实的过程中,与其他国家也应当始终秉承义利统一、互惠共赢的原则,这也是习近平主席在近期会议上提出的重要思想和理念,更是中国发展所需意志力的集中体现,无论在任何时期,我们都应当尊重其他国家的政治、经济以及文化制度,尊重其他国家的主权和领土完整,只有我们这么做了,才能够得到国际社会大范围的支持和尊重,才能更好保障我们的基本利益和国家安全,向着新时期更加高的目标坚实迈进。

"一带一路"倡议也涉及了人类发展能否持续的问题,对于任何国家和地区而言,发展始终是永恒的主题。国家或者个人,想要生存,想真正获得尊重,发展都是不可或缺的着眼点,而"一带一路"倡议带着发展的眼光,帮助其他国家和地区找到自身的缺陷和不足,帮助各个国家更好、更稳定、更持续地发展,满足不同国家和地区的未来长期发展的需要,为其他广大国家和地区引路,促进了国际同步发展,具有深远的意义。在物资和人力资源的整合过程中,不同国家和地区可以更好促进人才、不同产业和技术之间的交流和融通,为国家发展和产业进步提取更好的资源,尤其是在金融、科技和信息化产业领域,这种交流与合作，对提升国家实力更有效。与此同时，国家的科技、金融和信息化水平，也会取得较大程度的进步和提升，能够改善全球社会文明、生态文明和精神文明，达到比较理想的状态和发展水平，实现联合国提出的可持续发展目标。

当前中国"一带一路"倡议首先考虑的是各参与国共同的利益，做到互联互通，了解各自的需求，面对并解决实际问题，突出共同发展的目标和要求，整合资源，平等相处，互助协作。在"一带一路"项目的实施过程中，没有霸权主义和强权政治，也没有高低贵贱，只有追求共同发展和进步的初衷，促进区域协调发展，使不同国家和地区的人民走向共同富裕。中国是带着义利统一的思想提出并践行这一倡议的，与其他国家的利民政策有本质的区别。中国现阶段追求和平发展，促进国家之间的互助，坚持实现世界繁荣和共同富裕的理想，显然与借着对外援助的机会掠夺其他国家资源和生产力的虚伪行径有着本质的区别。中国的"一带一路"倡议是建立在古代"丝绸之路"的共同发展愿望基础之上，与沿线的主要国家和区域进行交流，遵循共商、共建、共享原则，在不同的背景下，共同发展文化、经济、政治体制，共同学习发展经验，在尊重彼此主权的基础上，力求达成共识，这是"一带一路"倡议的精神所在，也是取得成绩的主要原因之一。中国习近平总书记不止一次地强调，处理国际关系和国家治理的问题始终需要有正确的思想和方针引导，用文化先行维护共同利益，防止独断专行，不断吸收和借鉴其他国家和地区的先进成果，努力推动全球经济、文化和制度的全方位进步和发展，通过合作、互利、互惠和共赢的理念，促进整个世界的共同发展，也应当强化全球治理理论的学习研究，促进不同国家和地区之间的协调发展和进步。中国提出"一带一路"倡议是本着平等、自由的政治和文化形式，不强加任何军事或其他形式的强迫，以发展的实绩赢得更多的加盟和关注。

中国之所以能够有这样的格局，放下逐利的思想，提出"一带一路"倡议，与儒家思想相关，尽管早已经步入了现代社会，但中国国民长期受儒家思想的深刻影响，国家的政策和执政理念，也因此带有儒家思想的色彩，义利观是儒家思想的重要内容，具体到对经济发展的作用，是一种在社会经济生活中的道德现象，是带有中国特色的经济伦理。从春秋战国诸子百家时期开始，义利统一的思想和追求一直以来都是中国信奉的重要思想和理念，体现了中国两千多年来与人为善的价值观和追求。儒家思想中强调义利统一，是为了更好地治理国家，教化人在遭受损失时坚持道德判断标准，减少因逐利思想导致的消极群体性行为，便于作出有效的应对决策及时止损。

以"义利统一"为原则，需要吸取中国千年精神文明经验，深刻理解"义"与"利"之间不可分割的关系，同步精神需求与物质需求，体现政策的人性化，在国家层面落实"义利统一"就是用道德制约经济发展，对发展中国家的稳步发展至关重要，是现代中国的道德支柱，使经济发展更加合法合理公平透明。在"一带一路"项目建设中，中国始终秉承着和谐共赢的出发点来共建与其他国家及地区的合作，不断加强沟通与交流，坚守道德标准提升信誉，平稳推进中国经济的快速发展，也在世界上树立了中国在责任担当的国际形象，为将来更好处理国际问题奠定了基础。

中国用"义利统一"的原则提升治国水平，维护与其他国家和地区之间的亲密关系，更好地解决了当前面临的国际不良竞争和危机。可见儒家民本思想在国家政策的制定、推进以及评价过程中都有着重要的导向作用，作为唯一绵延至今的文明古国，能够五千年来屹立不倒，其主流的思想价值体系确保了国家政策方针在拟定和推行的过程中注重民心民意，将人民的满意度作为国策的评判标准，为继续推进世界可持续的双赢局面发挥了不容忽视的作用。

（2）共商

"共商"是"一带一路"倡议在国际合作项目中履行的首要原则，首先需要通过"共商"而引领倡议的实施方向，其次是在倡议的实施过程中，若有因为共建国家或单位的不可抗因素，如制度、技术标准、关税等引起的争端，影响了项目实施进度，则需要共同商议和研究对策，为维护双方或多方的利益均衡共同制定解决方案。因为"一带一路"倡议的实施难点在于发展中国家和发达国家同时存在的前提下，在不同的合作模式和合作对象之间坚持公平的国际对接，所以，共商作为"一带一路"倡议实施的关键原则，用共同商量的方案保障了合作，既保证了共同商议的双方或者是多方平等互利的关系，本着共享的目标共同参与讨论，通过交流解决矛盾并达成最终统一的思想和意见。这是"一带一路"作为国际合作平台所必须满足的合作条件，也是完成国际合作的关键性因素。

但现阶段并不是所有的国际合作模式都以共商为原则，有些国际合作的规则本身就存在弊端。2015年3月29日，《人民日报》发表了《愿景和行动》一文，文中对于"一带一路"的实质是这样阐述的："是国际合作以及全球治理新模式的积极探索。"既体现了"一带一路"倡议对于国际合作的价值，又从反面说明了国际合作模式缺乏创新。特别对于发展中国家而言，GATT（关贸总协定）确定了发达国家和发展中国家之间为非互惠原则，与世界贸易组织为代表的多边国际贸易体制，限制了发展中国家在多边贸易合作中获得的利益和平等待遇，不利于与发展中国家的公平合作，而中国也被定性为"非市场经济地位"的国家。因此，有些发展中国家与发达国家之间要达成贸易协议需要解决很多禁制，而发达国家和发展中国家的贫富差距已逐年增加至 20 倍[1]，增加了双边合作的难度。

中国的"一带一路"倡议与其他的国际合作计划不同，它是建立在区域性基础上的国际合作，从源头上降低了以上问题的概率，使用"共商"作为关键合作原则之一，既可以借用地缘因素的优势，又具有调整合作模式的灵活性，抵消了因为关贸总协定的限制产生的负面作用。在具体措施上，首先，建立了国际协商平台，例如"一带一路"国际合作高峰论坛等；其次，用二十国集团、亚太经合组织、上海合作组织等现有国际机制，推动"一带一路"沿线经济体开展互利合作，充分发挥"二轨"的互补作用，用社会组织、高校、新闻媒体、民间智库和地方力量等对话机制，开展各种形式的沟通、对话、交流与合作。

---

[1] 吴小国：《构建"一带一路"合作机制对国际软法的需求》，《湖北警官学院学报》2019 年 3 月，第 96—103 页。

（3）共建

在"一带一路"倡议中注入共建原则，是因为在"一带一路"的项目建设过程中涉及的国家和地区，存在领土面积、国际地位和影响力、人口、经济和科技水平的悬殊差距，用共建原则能够确保对各国主权的尊重，体现了中国在对外交流中坚持互相尊重主权和领土完整、互不侵犯、互不干涉内政、平等互利、和平共处的五项基本原则。参与"一带一路"倡议建设的各经济体的国际地位是平等的，没有高低之分，方便实现各国的独立自主和协作发展。为了避免因资金储备差异而导致的合作风险，保障区域平等共建，衍生了一些区域性国际金融组织，例如亚洲基础设施投资银行（AIIB）、丝路基金（SRF）、新开发银行（NDB）等，就是在"一带一路"倡议背景下为了保障区域共建的典型产物。

表5　亚投行所援助的中国与东南亚经济走廊合作项目

项目名称	项目地点	援助内容
印尼多功能卫星ppp项目	中印尼"区域综合经济走廊"	提供1.5亿美元的贷款，改善经济走廊域内 公共服务点的连通性
印尼国家电力公司东爪哇岛和巴厘岛配电加强项目	中印尼"区域综合经济走廊"	提供3.1亿美元的贷款，改善巴厘岛的电力服务务质量
老抛13号国道改善和维护项目	中老经济走廊	提供4000万美元的贷款，改善13号国道关键路段的路况、安全和气候恢复力

项目名称	项目地点	援助内容
缅甸敏建县225的联合循环燃气轮机（CCGT）发电厂项目	中缅经济走廊	提供2000万美元的贷款，加强地区清洁能源利用能力，缓解当地电力短缺。
柬埔寨恢复农村生产能力项目	中国—中南半岛经济济走廊	提供6000万美元的贷款，为柬埔寨国内投资可持续的、适应气候变化的基础设施，恢复农村生产能力
柬埔寨光纤通信网络项目	中国—中南半岛经济济走廊	提供7500万美元的贷款，支持柬埔寨光纤通信骨和局域网的发展

资料来源：亚投行官网数据。

在"一带一路"倡议中，最典型的共建项目就是中国与东南亚的双边经济走廊合作，涉及跨境合作，包括：中越"两廊一圈"、中缅、中老、中泰东部经济走廊和中印尼区域综合经济走廊等。在经济走廊建设初期，对于资金的需求旺盛，仅凭一国之力无法肩负起建设走廊所需的成本，而在"一带一路"倡议之下，以亚投行为代表提供了多元化的融资渠道配合项目共建，为"一带一路"的联通性基础设施建设、产能合作等项目提供了互联互通、共同建设的支点，为经济走廊的建设提供多次资金资助，为区域共建提供了持久丰厚的资金保障。

从目前中国与东南亚共建经济走廊的建设项目可以看出，共建的项目涵盖了多个领域，在合作上取得了较大的进展，在"一带一路"倡议下共同建设开发地缘经济，从理论上已经符合了当今世界经济发展一体化的特征，逐步克服了关贸总协定对发展中国家贸易合作的限制，推动了发展中国家的国际经贸合作。

（4）共享

"共享"是"一带一路"体系中所有原则的基本目标，重点强调的是向着共同目标努力而享有互利共赢的成果，在共商和共建的过程中有可能会产生矛盾和冲突，共享是求同存异和平解决问题的支点，鼓励合作方为了共同的收获寻求长远利益的交集点，折中处理矛盾，努力维护平等关系，实现共同目标。

共享原则与义利统一、共商、共建原则联结为一体，为保障"一带一路"项目实施发挥各自独特的作用。其中，义利统一是根本，协商是前提，共建是实施路径，共享是目的和目标。"一带一路"倡议强调的是与合作方之间的合作和共赢，用于多边贸易机制维护的开放性合作，与国家主权平等原则和其他国际合作原则一脉相承。在后疫情危机时代，如何维护国际公平政治秩序，推进中国全球经济建设？只有坚持义利统一，在共商共建的合作中互利共享，才能实现多边主义、坚持对外开放、坚持平等互利的合作，取得共赢。习近平总书记对此总结了"四个坚持"，即：坚持推进区域经济一体化，构建开放型亚太经济；坚持创新驱动，培育增长新动能；坚持完善互联互通网络，促进包容联动发展；坚持深化合作伙伴关系，携手应对共同挑战。①并提出了四个战略主张：不断加强以联合国为基本核心的全球国际治理体系；不断完善全球经济社会全球化的国际治理体系架构；大力推动全球数字市场经济健康有序发展。这些战略主张是对全

---

① 据新华网 2018 年 11 月 19 日："新华网评：'四个坚持'是智者之谋"。

球历史发展趋势的理性判断分析，维护绝大多数国家的利益和发展愿景，结合中国自身的理论实践经验，针对当前全球经济治理中的关键问题，而作出的决策。"一带一路"倡议的原则体现了对其他国家地区和国际组织的尊重，中国始终矢志不移地维护联合国国际权威和政治地位，恪守联合国国际宪章中的宗旨和基本原则，用基本国际法原则作为维持国际公平秩序的根本。

四、"一带一路"倡议的性质：区域性国际公共产品

公共产品基本理论

公共产品，是相对于私人产品的一种产品概念，是一种不具有竞争性的可使用的产品，并且对受益人没有限制，不具有排他性。通常指在公共环境下所提供的物资或服务，通常由国家政府所属机构统一提供，由人民共同受益。在经济学中，指国家政府通过税收获取资金，为满足社会成员共同需求而提供的实体或非实体的产品。通常限于国家内部的产品供给，例如用于安定民心、促进生产力的发展、有利于民生的社会公共设施的建造。从本质上公共产品可以分为三类：第一类是纯公共产品，不排他，不竞争。第二种是俱乐部产品，虽然没有竞争性，但是很容易成为独家商品。第三类包括有共同资源和竞争消费的商品，但不是真正的排他性商品。20世纪末的经济学用边际效应论证了市场经济运行机制，形成了公共产品理论。在此之后，世界银行对国际公共产品定义为：国际公共产品是指对发展和消除贫困非常重要的跨境商品、资源、服务、监管和政治制度。

表6　国际公共产品和区域性公共产品比较

分类	国际公共产品	区域性公共产品
提供者	霸权国	地区内国家集团或国家联合
影响范围	国际性、开放性	区域性、封闭性
合作模式	霸权主导	国家间协商
产品内容	广泛	有针对性
免费搭车现象	严重且无法避免	能有效缓解
被私有化风险	高	低

全球公共产品的使用不受区域或国家范围限制，其他国家的国民也可以享受该国家的生产和提供的产品或服务。在国际关系理论中指一个国家的经济体系需要转至另一个有需求的国家，并由双方共同承担成本。①这些需求包括全球公共卫生、全球安全、跨境系统和跨境基础设施的协调，国际公共产品自由供应等方面，由于在国家供应过程中出现了常态化供给不足，而经济全球化又增加了出入境人口和对外贸易活动的活跃度，提高了对国际公共产品的供给安全、法律保护、金融系统、经济秩序、国际公共基础设施和动植物病防疫管制的要求，如果没有公共产品的支持，这些问题将会严重制约世界经济的良性发展。

能够供应国际公共产品的供应方有四类：第一，世界政府，但至今没有在世界范围内统一各国并成立一个政府的可能，短期

---

① （美）查尔斯·金德尔伯格（Charles Kindleberger）：《1929—1939年世界经济萧条》，上海译文出版社，1986年。

内也不可能实现。其次，超级大国。超级大国可以对全球提供国际公共产品，但是由于世界经济发展的不稳定，本来寥寥无几的超级大国，供给的实力也会受到限制。第三，国际组织，例如联合国、世界银行、国际货币基金组织或其他国际组织。这些组织可以为供应国际公共产品发挥积极作用。第四，国家之间的利益团体。通过签订国际贸易协定，各国共同制定有关世界环境问题等细则，形成完整的协定。结合公共物品的供给和个人物品性质的活动，促进世界公共物品的供给。最终超级大国主导世界公共产品的供给，通过主权国家和部分国际组织共同实施。有能力提供"国际公共产品"[1]的国家，被认为是在政治、经济、外交、军事、科技等方面在世界上有绝对支配权的国家，这些国家的特征是有雄厚的国际通用货币资金储备，有可控的风险控制体系做保障，有高效的宏观调控体系，有一定的国际认可度等，才可以保证国际公共产品的供应。

国际公共产品按照不同的供应范围和产品供应规定，可以被划分为全球性区域国际公共产品和区域性质的国际公共产品。两者主要区别之处在于：这种全球性区域国际公共产品的供应不受任何区域限制，并完全引用了所有公共产品的基本特征，不受区域限制，没有任何排他性，按照执行权的主体又大致可以划分为纯粹的区域国际公共产品和准区域国际公共产品，前者的特征在于由单方提供并完成，后在特征在于需要与第三方合作完成。

对于国家自身而言，提供区域性的公共产品无疑能够获取一

---

① 查尔斯·金德尔伯格提出的"霸权稳定理论"。

定的地位和影响力，其具体的价值既和公共产品的本质有关，也和国际社会的认可度有着密不可分的关系，有鲜明的时代特色和地域属性。一般来说符合不同国家和地区的需要的是具有广泛市场的产品，在这过程中，不同国家和地区，通过相应的规则和制度来实现产品的良好融通和交易，从而达到最初的目标和计划，在这一过程中的交易双方都能够各取所需。以下是借鉴对两种国际公共产品的比较①：

提供全球性国际公共产品的典型国家之一是美国，它作为全球第一大经济体，已经取代了英国成为世界上最强大的国家，但因为没有完成相应责任的承担，在提供了公共产品之后最终导致了一国独大，多国经济体系衰退、种族灭绝、金融危机等问题。在次贷危机的影响下，美国的全球性国际公共产品逐渐出现了供给不足的趋势，在这种形势下，另一种国际公共产品的供给呈现了更多符合变化时代的合理性，使得众多国家逐渐接受，成为当今世界主流的供给模式，即区域性国际公共产品。

意义

中国是一个坚持改革开放、经济高度全球化的国家。气候变化、环境破坏、传染病传播、贸易保护、金融危机等全球性问题直接威胁着中国的经济发展和社会稳定。与此同时，由于"先天"和"后天"因素的局限性、脆弱的自然环境保护体系、对世界经济的强烈依赖以及缺乏不同的风险防范能力，中国比发达国

---

① 樊勇明：《从国际公共产品到区域性公共产品——区域合作理论的新增长点》，《世界经济与政治》2010 年第 1 期，第 143—152、158 页。

家更容易受到全球问题的影响。

中国作为全球最大制造业国家，参与公共产品供给能够有力地带动世界经济的复苏。因此，"一带一路"倡议作为公共产品推向世界，促使了中国提高了国际合作水平，减少了合作差异，与其他国家共同应对并解决全球性问题，保证了区域性公共产品的供给。同时，中国正在走中国特色社会主义道路，在政府强有力的组织和领导下，中国开放型经济长期保持快速增长，成为世界上最大的贸易国、最大的国际货币储备国和全球第二大经济体。长期以来，中国对世界的影响是特殊的。作为新兴和发展中国家的代表，中国必须充分发挥其在全球经济对策中的实力和影响力。因此，在全球范围内提供公共产品是最现实的方法。

事实上，在中国作为联合国安理会常任理事国参与国际治理过程中，中国用加速经济增长的方式为国际社会提供了公共产品。例如，中国经济的快速发展和持续繁荣为世界提供了积极的治理模式和新的发展理念。中国模式已被许多发展中国家借鉴。此外，中国在稳定经济金融体系、国际援助、科技创新进步方面取得的成绩就形成了良好的国际形象。推进"一带一路"建设在一定程度上增加了全球公共产品的供应，是中国 21 世纪最重要的国家战略之一。中国从以下四个方面增加全球公共品的供给：

首先，"一带一路"倡议提出了国际合作的新概念和新模式。中国的改革开放是世界上最具影响力的创新之一。中国"一带一路"建设是 21 世纪中国对外开放的主要内容，也是中国推进国际社会包容性发展理念的重要实践。它是一种革命性的经济发展理论、区域合作理论和全球理论，丰富了经济走廊理论和国际合作等人类发展领域的知识。这促进了 21 世纪的国际合作，形成了协商共赢、共建共享、包容发展的新理念和新模式。

第二，"一带一路"倡议加强了互联互通。"一带一路"倡议将重点关注许多国家的基础设施建设和基础设施互联互通。中国利用其在基础设施建设和储备资本方面的技术优势，调动国际资源，促进沿线经济改善基础设施供应，开辟更多的航线和国际贸易结构，提高国际区域合作水平，为各国经济发展奠定坚实基础。

第三，"一带一路"倡议鼓励中国加入国际货币体系。"一带一路"倡议是促进亚洲区域经济合作的长期战略。中国将提供强有力的财政支持，包括资金、技术援助、支付和结算系统等。"一带一路"的贸易和资本流通主要在亚洲，特别是在跨国交易中，使用人民币进行监管具有方便、安全、节约成本和规避汇率风险的优点。

第四，建立了新型国际金融组织。中国正在努力推进国际金融体制改革，建立了更加公正合理的国际金融秩序。然而，由于美国国会的阻挠，没有实现在首尔 G20 峰会上通过的增加发展中国家在国际货币基金组织（IMF）中份额的提议。因此，中国支持成立金砖四国开发银行、亚洲基础设施投资银行和丝绸之路基金，以务实的态度和新的治理规则，更加关注发展中国家的发展和金融需求，通过具体行动参与全球金融治理，推动国际货币体系改革，增加国际公共金融产品的全球供给。

作为一个一贯支持和平发展、和谐发展、共同发展的国家，中国在对外贸易与合作中始终尊重共同发展的理念，在国际社会中赢得了一批值得信任与合作的朋友。非排他性、正向性理念的"一带一路"倡议不仅对中国产生了重要影响，而且对地区乃至世界的发展与稳定也产生了重要影响。近年来，中国与其他地区、国家的合作与贸易也得到加强和发展。作为一个有责任感、有使命感的大国，中国提出的"一带一路"的理念，对于辐射到的国家而言，同样意义深远，尤其是当今社会经济和金融形势不稳定的前提下，更是如此。很多国家也借此获得了经济独立，迎来了显著发展，人民的生活质量和水平也是进步明显。

以公共产品的角度既发掘了中国在这个过程中发挥的作用，提升了自身国际地位，加强了政治影响力，同时也看到"一带一路"区域无论是经济、政治和文化等方面，都有了明显的进步，这也可以看出中国提出"一带一路"倡议是正确的，符合世界发展潮流和经济发展的需要，值得长期推行实施。

五、"一带一路"倡议的成果

"一带一路"倡议一经提出，就得以迅速推广，得到了良好的应用，收获了丰富的项目成果，各经济体与中国进行贸易往来，不断扩展"一带一路"的国际影响，中国的外贸规模也不断扩大，吸收国外资金的数量也不断得以增加，加速了中国自由贸易区网络的建设。"一带一路"所具有的潜质也不断发挥了号召力。将来，中国与"一带一路"沿线经济体之间的合作会更加频繁，实现的投资规模会越来越大，交往领域会越来越多元化。

合作平台不断拓展，合作机制不断完善

随着"一带一路"的不断发展，到2019年年底，中国已经和25个国家和地区，完成了17项自由贸易协定。2019年，中国首次采用负面清单法与韩国、日本开展谈判，代表"一带一路"自由贸易区进入了"负面清单"的全球化时代。

中国与毛里求斯的自由贸易协定，是中国和非洲实现的第一个协定。除此之外，在自由贸易协定方面，中国与新西兰也实现了升级谈判，与巴基斯坦协定的第二个阶段也开始生效，中国和东盟、新加坡、智利也签署了协定。更为关键的是，202年11月，中国签署了RCEP协议，这一协议的签订，标志着中国在实现世界人口最多、发展多样化的道路上取得了新的发展，RCEP涉及的成员国是中国发展良好的伙伴。2019年，中国与中国的贸易总额占到了1/3，成员国的贸易投资占到了11%，RCEP将有利于激发中国的潜力，实现区域的更好的发展，给中国市场带来更加良好的发展前景，实现市场的扩大带来了更多的商品和服务，实现了中国企业和人才的多样发展，促进国内经济的循环，RCEP实现了中国国际地位影响力的增强，使中国有效地融入全球产业链、供应链，实现了中国经济的良好发展，创建了贸易创新模式。

第二届"一带一路"国际合作高峰论坛这段时间，中国签署了58项协议，举办了虹桥国际经济论坛。在此过程中，181个国家参加，协议签订额约为711.3亿美元，"一带一路"沿线的所有国家都获得了充分的优势，在合作期间展现了较强的共融性，因而能够实现较为全面的发展。各个国家在基于自身潜力的基础上，共同使用基础规划平台实现各自发展，凸显了比个体发展更为显著和稳定的优势。

投资规模继续扩大合作呈现多样化

"一带一路"沿线地区各有优势，互补性强，潜力巨大合作前景广阔。在充分考虑各方利益和关切的基础上，各国按照战略对接、规划对接、平台对接、项目对接的工作思路，凝聚共识，化共识为行动，形成更加明显的成果，实现优势互补，促进共同繁荣发展。

中国给予"一带一路"区域经济上的支持，同时也带去了先进的技术和设备，给这些国家发展工业带来了更好的条件。按照第二届"一带一路"国际合作高峰论坛达成的共识，为了更好地互联互通，中国为沿线经济体提供了高质量的基础设施建设，随着倡议内容实施的同时，中国外商投资的产业领域将更加多元化，除租赁和商务服务外，中国企业在制造业、批发零售、建筑业、电信、新能源、航空航天和高科技产业的投资将迅速增加，产业合作体系将进一步完善。

国际对中国"一带一路"倡议提出的质疑之一是该倡议完全基于促进中国的出口，而不关心帮助"一带一路"成员国的利益。但据世界银行网页显示，在2016—2019年间，以十亿美元为单位，"一带一路"成员国的商品和服务的出口率平均增长了28.8%。虽然"一带一路"成员国的出口率增长不完全归功于取决于"一带一路"倡议，但成员国的出口经济并没有受到中国商品低价优势的影响，反而处于不断增长的健康状态。尽管 COVID-19 爆发之后制约了全球贸易出口率，但在此之前签署的"一带一路"项目基础已基本到位，为疫情得到控制后的复工复产做好了准备。其中有些国家的增长率脱颖而出，例如俄罗斯，2016—2019 年与中国的双边贸易就达到2000 亿美元，其出口率增长了45.76%，这是受到美国和欧盟制约后涌现的崭新经济活跃度。[①]2019 年新冠病毒暴发后，影响了全球经济，国际贸易和投资活动也在萎缩。在这种情况下，中国坚持共同协商、共建共享的原则，加强与"一带一路"共建国家的合作。在这一条件下，中国根据诚信、开放的价值观念，实现与其他国家共同发展，在此基础上实现可持续共同发展、经济繁荣、提高就业率，保障人民利益，构建人类命运共同体。2020 年 1—10 月，中国企业对"一带一路"沿线区域非金融直接投资141.1 亿美元，同比增长 23.1%，占同期投资总额的 16.3%，比上年增长 3.6 个百分点。同年新签订"一带一路"合同项目金额约为925.1亿美元，上报营业额约为607.4亿美元，分别占中国新签外包工程金额和营业额的 55.5% 和 58.5%，中国与"一带一路"共建国家的投资合作将会持续增加。

海外经贸建设和标志性项目稳步推进

"一带一路"自创建伊始，中国便不断地与其他国家，尤其是"一带一路"共建国家实现多方面的往来，开展交流与合作，实现共赢，不断实现中国与合作国之间的经济发展和工业化进程，

---

① Chris Devonshire—Ellis（Nov11, 2020）中国"一带一路"倡议成员国：三年内出口增长 28%，丝路简报，2020.11.10

图 5　中巴经济走廊主要项目分布

中巴经济走廊全长3000公里，北接"丝绸之路经济带"，南连"21世纪海上丝绸之路"，是贯通南北丝路关键枢纽，是一条包括公路、铁路、油气和光缆通道在内的贸易走廊，也是中国"一带一路"的重要组成部分。

中国预计将投资460亿美元。

相互依存，相互合作，共同发展。"一带一路"项目众多，较为知名的有两个项目：中巴经济走廊和中欧高铁。中巴经济走廊由桥梁、铁路、能源设施、重建的公路和巴基斯坦瓜达尔港的扩建组成，为巴基斯坦多党合作民主自治提供了便利，对伊朗、阿富汗、中亚共和国和相关地区产生了积极影响。此外，加强了与巴基斯坦区域的地理联系，改善了公路、铁路和航空运输系统，促进了人与人之间频繁和自由地交流，通过学术、文化、区域知识和文化增进了解，增加贸易和商业流量的活动，生产并转换能源，优化贸易业务，以共赢模式加强了合作，促使该区域形成联系紧密团结和谐发展的命运共同体。中欧高铁项目将铁路连接成一个畅通无阻、横贯大陆的陆上运输网，从中国位于太平洋沿岸的义乌延伸到英国伦敦和赫尔辛基，使中国至欧洲的交货时间缩短至十五天。

表7　中欧铁路项目列表

国家	阶段	银行	投资金额（美元）	具体项目
白俄罗斯	完成	中国进出口银行	7600.0万	Molodechno-Gudogay 铁路升级（白俄罗斯—立陶宛）
	施工	中国进出口银行	6600.0万	Zhlobin-Kalinkavichy 铁路升级改造
	完成	中国进出口银行	5300.0万	购买机车车辆
	宣布	中国进出口银行	6400.0万	购买机车车辆
匈牙利	准备	中国进出口银行	19.00亿	布达佩斯-贝尔格莱德铁路建设（匈牙利段）
	宣布	中国进出口银行	12.00亿	布达佩斯铁路升级
伊朗	施工	中国进出口银行	15.00亿	德黑兰—马什哈德铁路升级改造
俄罗斯	准备	中铁国际集团	62.00亿	莫斯科-略山铁路建设
塞尔维亚	宣布	中国进出口银行	9.30亿	贝尔格莱德—普雷舍沃铁路升级改造
	施工	中国进出口银行	13.80亿	布达佩斯—贝尔格莱德铁路建设（塞尔维亚段）
土耳其	施工	中国进出口银行	7.20亿	伊斯坦布尔—安卡拉铁路建设
乌克兰	完成	中国进出口银行	3.70亿	基辅—里斯波尔机场铁路建设

资料来源：CFA 研究[1]筛选数据制表

---

[1] Jacob J.Lew and Gary Roughead, Chairs, Jennifer Hillman and David Sacks, Project Directors（2021.3）"Chinas Belt and Road Implications for the United States". 外交关系委员会官网

参照"政府指导、企业领导和市场化运作"的标准，中国政府依靠国家实力以及良好声誉来帮助"一带一路"倡议周边贸易范围扩大化，中国鼓励国内发展势头较好的企业走出国门，率先与沿线区域开展自贸区项目建设，通过此种模式，不但能够实现企业和政府的长期往来，缓解供需矛盾，也能够为双方经济带来新的活力，创造良好的税收，扩大就业范围。根据远期目标，创新外商投资合作模式，把企业发展融入经济发展的过程中，实现经济全面发展，延长全球价值链。除此之外，企业与"一带一路"国家进行国际科技合作，促进技术转让和成果转化，实现产业链的不断延伸。

当前，世界经济贸易区已经成为推动"一带一路"产业化建设的重要趋势和需求，通过这一途径和方式，可以更好地推进区域贸易、交往的逐渐升级和发展，推动区域内经济整合，这一点毫无疑问地成了当前合作国家之间的共识。到 2019 年，经过商务部的有关统计数据，目前中国在这一领域的产业规模已经达到了新的高度和水平，越来越多的企业开始参与进来，形成了比较完整的产业链，同时也产生了很多的新兴产业，创造了越来越多的就业岗位，对社会稳定和产业发展意义深远。

中国的"一带一路"为了进一步推动合作的深化，近年来也扩大了合作的领域，包括公路、铁路以及航空和通信等领域，都已经成为重要合作产业，不仅极大地提升了中国的生产力和创造力，同时也对我们的国际地位和影响力产生了比较积极的影响，"一带一路"倡议开始获得越来越多国家和地区的支持和拥护，有关项目也得到了如火如荼的开展。

本章小结

综上所述，"一带一路"倡议作为中国对外开放发展新形势下的产物，不是为了满足一国之利的战略计划，而是为了人类社会的发展而创造的合作共赢的机遇，是中国延续了古代"丝绸之路"文明向世界提供的区域性国际公共产品。"一带一路"倡议的根本目的是促进国际贸易往来，但它也成了一条连接他国政治、经济、文化、信息、法律的纽带，是一种通过加深相互了解增加合作机遇的交流。

"一带一路"倡议是在世界经济一体化发展趋势下，以国际公平正义作为出发点，选择相互依存协作的结盟，但在实施过程中"一带一路"倡议的机遇与挑战同在，中国不断面临世界强权势力带头对倡议的阻挠和抵制，美国总统拜登于 2021 年 6 月 11 日出席的七国集团峰会上表示，将宣布一项针对中低收入国家的基础设施融资机制，体现人类共同价值观，旨在与中国的"一带一路"倡议相抗衡，通过这项机制击败"一带一路"倡议，简称"B3W"的倡议。中国传承了"丝绸之路"文明，认为世界属于全体人民，不分国界，和平、发展、公平、正义、民主和自由又是全人类共同追求的价值观，也是全世界的崇高目标，如果能够长期遵循共商共建共享的原则坚持下去，"一带一路"倡议给各个国家带来的长远利益是可预期的。在现阶段，"一带一路"倡议在建设过程中防患未然，沉稳发展，努力贴近人民的最基本需求，坚持和平发展的理想，夯实与战略伙伴的互信度，提高建设质量，增强合作经验，为了打造互信互利的人类命运共同体而拓宽视野、更大的胆识和更广阔的胸怀。

人类命运共同体是人类实现世界和平发展的需求,中国的"一带一路"倡议拥有天下大同的价值观。以"天下为公"作为出发点实现人类共赢,涵盖着求同存异的伦理思想,有着广博的包容精神。2016 年,习近平总书记访问秘鲁提到,在现代世界的格局关系中各国之间是相互平等共存的,共同面对荣辱。各个国家都需要跟上时代的步伐,参与合作共赢的新时代发展主流中,从而实现人类共同体。2020 年新型冠状病毒感染爆发,使世界人民强烈感知到建立人类命运共同体的重要性和紧迫性。病毒的侵犯不分国界与种族,但由于区域差异和限制,人民的健康无法得到全部的保障,个人利益已无法脱离天下利益而独立存在。因此,在中国与各国人民同舟共济、相互帮助的过程中,体现了必须依靠共同协作才能获取主动权的国际趋势。为了赢得这场流行病的防控战,中国与其他国家和国际组织共同努力克服困难,团结全世界人民与病毒作斗争,展现了大国的责任和气度,以及广阔的视野野和天下为公的气魄。

"一带一路"倡议呈现了古代"丝绸之路"发展的历史并强调其当代意义,重新设计了世界对空间治理和领土维度的概念,在 21 世纪中叶改善国际关系,成就多元文化、民主社会的人类共同体。

第3章 儒家民本思想的形成背景和发展历程

自春秋战国时期始，根据不同国家的统治者的要求，思想家、政治家们提出不同的治国韬略，诸子百家争鸣，儒家思想作为社会主流思想，提出"民贵君轻"，强调重视民众的思想和生活，满足人民的基本需求，巩固统治地位，用"民本"思想维持国家的长治久安。因为当时的经济关系已随着人类劳动能力的提高产生了变化，铁器的出现改良了农作用具，使生产力得到了提高，耕田随之逐渐增加，旧的生产关系已经无法满足耕地面积对生产力的要求，旧的土地所有制激化了农民与地主之间的阶级矛盾，引起了农民争夺土地战争的爆发，统治阶级为了政权的稳定，暂时缓和社会矛盾，不得不考虑民众的需求，将政治制度由奴隶制向封建制改革，而由于土地私有制，购买并拥有土地的商人对社会农商业的发展起到了比较重要的作用，地主阶级也拥有了一定的政治地位。

当时"民本"思想为了巩固统治阶级的地位，教育统治者要具备考虑民生的政治意识，目的是要保证国家的安定。所以，古代的"民本"思想是以"民为邦本"①为中心的，强调的是"以民为本"是统治阶级为了治国而寻求人民支持的方式，并在朝代更迭中不断深化和完善。《荀子·哀公》中提到："君者，舟也；庶人者，水也。水则载舟，水则覆舟。"可见人民的支持和拥护已影响到国家的兴衰成败，统治者需要保证自己的政权不被人民推翻，就必须顾及人民的利益，才能继续拥有统治权力。在儒家的文献著述中，"民本"思想是中国古代思想家对人民价值的认同，是中国古代以人为本思想的早期体现，也可被理解为是古代统治者维护政权的重要方式。

一、儒家民本思想的社会背景

儒家的"民本"思想是古代最重要的政治思想之一，最早的"民本"思想产生于中国古代夏商时期，在姬周革命结束了殷商统治之时，统治者宣扬的"以神为本"代替神治理天下的思想受到了动摇，公元前1066年，周武王伐商。当商朝将要灭亡时，纣王仍然没有意识到民本思想的重要性，认为"我生不有命在天乎！"周武王伐商后，"天视自我民视，天听自我民听""矜（怜悯）于民，民之所欲，天必从之"②，表达伐商是他尊崇了天意，天意是出自民众的意志，这样便把民众的意志抬高到了与天意同等重要的位置，打破了之前以神为本的局限。而由于民本思想在朝代更迭中起到了顺民意、稳大局的作用，逐渐成了当时社会的

① 李民、王健译注：《尚书译注》，上海古籍出版社，2016年，第96页。
② 李民、王健译注：《尚书译注》，上海古籍出版社，2016年，第196页。

主流思想。

直至春秋战国时期，主要采取依靠武力夺取政权，因此社会动荡，战乱不断，国家之间各自为政，统治者的执政风格各不相同，选择的思想流派也不尽相同，当时主要的思想流派除了儒家，还有道家、兵家、墨家、法家、名家、阴阳家、杂家等，各执一词，因此被称为"诸子百家"争鸣。各思想家游走于各国之间，向君主推荐自己的思想理论以实现济世，"民本"思想由此显现，并汲取了百家学说的精华不断壮大，通过各国的推行和实践不断地改良，为之后的发展不衰奠定了理论基础。由于"民本"思想使统治者收获更多民众的支持，获得了各方政权势力的认可和推行。

二、儒家民本思想的发展历程

"民本"思想是儒家思想的中心思想，是经过了历史的不断发展而演变来的。在甲骨文出现的时期，人类对世界的认知还停留在崇尚神学上，认为神灵才是万物的主宰，《礼记·表记》说："殷人尊神，率民以事神，先鬼而后礼。"[①]说的是殷商时期，人民信奉神，创造了很多鬼神之说，而统治阶级则把政权建立在神灵庇佑的色彩上，信奉占卜，罔顾民意，把国家决策的确定建立在占卜结果之上，从而导致了民心离散，政权瓦解。早在商周时期是儒家"民本"思想萌芽产生时期，当时"民本"理念已被提出，但是没有形成完整的思想体系。西周时期，拜神祭天的风气依然

---

① （西汉）戴圣著，王学典编译：《礼记》，江苏科学技术出版社，2018年，第240—255页。

很严重，社会动荡，民不聊生，直至春秋时期，尊神保民已经成为一种形式，民众的生活没有被君主所看重，民众祭祖虽然成为社会生活的主要形式，但没有对社会的变革起到很大的作用。然而随着周王朝走向没落，礼乐制度崩塌，国家的存亡对于君权起到了决定性作用，此时封建君主才关注到"民本"思想。根据《左传》记载，郑国伯因为不重道义遭到杀害，而当时的人很害怕鬼神，所以郑国伯被杀后，周围的人总是认为郑国伯的鬼魂还在伺机报仇，因而特别害怕，子产为了阻止鬼神之说，安抚人民，安定民心，选择了郑国伯的仇家梁智和公孙泄担任大夫之职。然而人民质疑这个任命的时候，子产解释说"从政有所反之，以取媚也。不媚，不信。不信，民不从也"。[①]此种做法的原因在于使人民不再感受到恐惧，保持心情愉悦，以取得人民对他的信任。只有考虑民众的感受，关爱于民，才可能安定民心，稳固政权。这是在政治动荡不安、民不聊生的历史背景下，掌权者必须做出的选择，因此，古代"民本"思想对统治政权的维护也为儒家思想争取了最有利的政治支持，巩固了儒家思想的正统地位。

到了先秦两汉时期，由于社会文化、经济、政治等各方面产生巨大变革，为了国家政权的稳定，诸子百家争鸣，"民本"思想根据所处的时代背景，侧重点有所不同。至明清时期，传统的"民本"思想已无法满足人民的实际需求，社会生产力的发展受到阻碍，思想无法带动人民行为的积极性，因此，部分思

---

① 李梦生译注：《左传》，上海古籍出版社，2016年，第1186页。

想家结合社会需求改良了对儒家思想的理解和论述，民主主义的萌芽由此产生。

先秦两汉时期儒家民本思想的兴起

儒家"民本"思想兴起于先秦时期，随着社会生产力的提高和教育普及化，到了西汉时期以民为本的理念得到普及和进一步发展，主要关注人在历史发展中的地位和作用，其中儒家的孔子、孟子、荀子等思想家，都是"民本"思想的代表。

（1）孔子

孔子的民本思想体现在以"仁"为中心，可以解释为仁德、仁爱和仁政，表达的是"仁者爱人"[①]的含义。例如《礼记·表记》中的"仁者莫大于爱人"[②]以及《论语·颜渊》中"樊迟问仁。子曰：爱人。"[③]孔子认为"仁"就是爱护别人的表现，没有比这种表现更能够体现"仁"的行为。孔子的这个理念是希望人可以爱护别人，替别人着想，进而做到以己度人，在追求自己幸福的同时帮助别人找到幸福，在成就自己的同时也能够考虑别人感受成就别人。因此，孔子在《论语·颜渊》中说"己所不欲，勿施于人"，指出不要将自己不想要的施加在他人身上，例如贫穷、困难、挫折、缺陷、悲伤、孤独、愤怒等，体现了对人的本体意识的尊重，认为每个人都有尊重和体谅别人的必要。统治者只替

---

① （春秋）孔丘、（战国）孟轲著，吴兆基、陈伶注译：《孟子》，三秦出版社，2007年，第273—284页。

② （西汉）戴圣、王学典编译：《礼记》，江苏科学技术出版社，2018年，第240—255页。

③ 王超译：《论语》，北京联合出版公司，2015年，第95—102页。

自己考虑是不够的，如果要很好地统领臣民，就需要多替除了自己以外的人考虑。因而孔子在《论语·学而》中提出"泛爱聚而亲仁"，认为仁的最高境界是爱天下所有的人，以关爱的人的多少来计算。关爱的人越多，就能够更贴切地体现"仁"的意义。无论是《论语·颜渊》中提到的"四海之内，皆兄弟也"，还是《礼记·礼运篇》中的"大道之行也，天下为公。选贤与能，讲信修睦，故人不独亲其亲，不独子其子，使老有所终，壮有所用，幼有所长，鳏寡孤独废疾者，皆有所养"，以及《礼记·中庸》所说的"修身以道，修道以仁。仁者，人也，亲亲为大"，都体现了孔子希望人人可以尊重人的价值并关爱别人，实现和谐世界的理想，这是孔子"民本"思想的最高境界。

（2）孟子

孟子作为孔子思想的继承者，其民本的中心思想是"民贵君轻"，他的"性善说"认为人在降生时就是善良的，具备了仁义礼智的条件，因此孟子的"民本"思想重点在于解释统治者如何施行仁政及其价值，认为君主应该对人民减少刑罚、减少税收。臣民应该监督君主，当君主出现行为偏差，犯了大的过错，就要劝诫。如果经过多次劝解，君主依旧不能改过，则需要另立新君；君主有重大过错就劝诫，反复劝诫而不听从就另立新君。

因此，孟子的"民本"思想突出了人民的地位，比君主更高，人民对社会的作用高于君主，人民的力量是巨大的，尤其是在战争中"进也民心，退也民心"，胜负皆由民心所决定。并以历史为

---

① 孟子著，牧语译：《孟子》，江西人民出版社，2017年，第231—252页。

镜鉴，总结出"得道者多助"①。君主如果施行仁政，就会得到各方人民的帮助，而不实行仁政的君主则没有办法得到他人的支持，甚至最终会遭到身边亲近的人的背叛。所以，极力帮助别人的人就会获得天下臣民的归附，打败那些众叛亲离君主的国家。这样的人除非不作战，只要开战就能战胜对方。由此，孟子提出了"得其民，斯得天下矣""得其民"，主要是指得到人民的拥护，这是希望君主把人民当作依靠，通过人民来实现天下归一。

孟子对历史进行了归纳和总结，认为统治者施行仁政最重要的一点在于以德服人，让人民能够臣服依附，而不是依靠武力；施行仁政的方法在于保民，关爱和保护人民，以人民的意愿为主，给人民想得到的东西，不要施加人民不想得到的。人民所需要的是衣食充足，和谐安定的生活环境，这些都可以作为仁政的着眼点。如果能够达到人民群众这一意愿，就可以使人民归顺。国家政策法令是否可行，能否得到实施，主要在于是否符合人民的需求。如果能够符合人民的需求，那么就能够实行，这些观点为儒家学说在汉代的主流影响地位奠定了基础。

（3）荀子

历史对于荀子思想的评价，无法用单一的流派去划分。荀子认为礼是法治的前提，并用法家的方式来实现，既肯定了儒家思想，又肯定了法家学说的必要性。而在两派学说之间，荀子的"民本"思想，有与孔子、孟子的观点相似，也提出需要用仁政王道来治国安邦。但比孟子的"民本"思想更透彻，揭露了人民对于政权的影响力，在孔子和孟子的理论基础上，荀子认为君主如果对人民不仁，被人民认为德行有亏，那么政权就会被推翻，如果君主希望稳固统治使国家繁荣昌盛，则需要对人民不断施行仁政，赢得人民的支持，更形象地强调了人民对于君主政权的重要性，荀子是历史文献记载上的第一位将君主比作舟，将人民比作水的思想家①，水能让船浮起航行，也能让船翻倒沉湖，就是说人民能维护当权者，也能推翻当权者。对人民的绝对能力给予了肯定，将民心所向作为历史发展的决定性因素，凸显人民力量的重要性——人民是国家、君主、官吏的根基所在。也提出了人民能够废立君主，强调了"立君为民"。人民群众推选君主是为了让君主发挥良好的能力，带领人民走向富裕，而不是为了被君主治理。

荀子不同于孔子和孟子之处在于，孔子认为先富民后教民，孟子则建议富民但是没有提出具体使人民富裕的方式，而荀子不仅提出了具体富民富国的教化措施，而且认为只有设定规则约束人的行为，才能够真正达到教化人的目标。这样的思想与法家的风格一致，因此荀子的"民本"理念可被称为是儒家和法家的综合体。

（4）贾谊

西汉时期，贾谊率先提出了"多元民本论"，使儒家"民本"思想在董仲舒"罢黜百家，独尊儒术"之后得到更为长足的发展。以先秦的思想为基础强调了以人为本的社会福利和保障。在汲取前人思想的基础上，贾谊通过秦末农民大起义，总结了亡秦的

---

① （战国）荀况著：《荀子精注精译精评》，线装书局，2016年，第513—555页。

教训，认为人民中蕴藏着巨大力量，"故夫民者，至贱而不可简也，至愚而不可欺也。"从古至今的发展规律是，只要与人民为敌，任何强大的力量也将被打败，这只是时间问题。所以古人云："故夫民者，多力而不可适也。"这些都是强烈需要引以为戒的，就是看清了人民的力量不可小觑。贾谊直接提出三层定义：一、人民是国家安危的根本；二、人民是君主权威的根本；三、人民是官吏贵贱的根本。此三层定义说明人民是国家、君主、官吏的根本，是国家昌盛衰败的标志，统治者把人民作为强盛衰弱的标志，官吏把人们作为自己管理能力的体现。

由此可见，人民在整个社会管理体系里起到了决定性作用。贾谊看到了人民力量的巨大，高瞻远瞩地指出，不能满足人民需要的统治是不适合存在的，人民的力量可以决定战争的胜负和帝业的兴衰。国家、统治者、官吏都将人民作为力量，人民想要取得胜利，作战才会得胜，人民如果想有所得就一定会帮助统治者坚守而使其存在。但是，如果人民不想使其存在，那就一定不会存在，人民不想要的，那么统治者一定得不到。由此贾谊提出，灾难和福祉不仅仅依赖于上天，也同样在于人民，对于人民的力量不能视而不见，必须引以为戒，"以民为本，以民为命，以民为功，以民为力"①。因此，贾谊指出设立刑罚的原因为"以禁不肖，以起怠惰之民"，所以贾谊不主张，当人民处于嫌疑阶段时，就被判处各种刑罚，提出"疑罪从无"，这些主张对于刑法发展是有进步意义的。贾谊在民本思想上，相较于刘勰所提出的放宽

---

① （西汉）贾谊著：《新书》，浙江大学出版社，2021年，第245—253页。

刑罚、减免赋役、放松赋敛等，有着更为重要的意义。贾谊主张，统治者只能改变政治的施行方法，而不能改换国家，可以改变官吏而不能改变人民，"民者万世之本也"，因此，施行政治需要将人民置于优先地位，只有这样才可以实现民富国强，国家达到长治久安的形态。

（5）王符

到了东汉，随着外戚、宦官专权，世家和富豪争夺土地，赋税加重、民不聊生，各地农民纷纷起义，社会动荡。在这样的背景下，以东汉时期的民本思想家王符为代表，最经典的民本理论就是"国以民为本"，他的民本思想在《潜夫论》中最为突出，该书中的《叙录》《救边》《边议》《爱日》等文章，反复提到国家把人民当作根基，统治者作为贵族是以人民作为根本，没有人民就不会形成国家等观点。并扩大了民本思想基础理论，引用了先秦时期的"民为神本"的论断，认为君主的用度和国家的财富由人民的劳动创造，因为能够使人民安居乐业才会出现君主的管理者的身份，他提出"天以民为心"[1]，意思是君主凭借天的名义统治人民，而人民实际上却是实现天意的核心力量，人民安定和乐，那么天下和顺；人民烦愁困苦，那么天下就不安定，所以天意也只能顺应人民的需求，人民是国家的根基，君主的号令必定围绕人民而产生……除此之外，还包括"爱民""利民""恤民"与"富民"等原则，以及提出从人民中选拔有才能的人，实现民本思想，将民本思想与国家的后续发展相联系，使得民本思

---

① （东汉）王符著：《潜夫论》，河南大学出版社，2008年，第131页。

想体系实现了更高程度的发展，并且在实施阶段更具有可行性。"君臣法令之功必效于民"，这一思想的意思是君主和臣子的作用在于使人民发挥效力。这是在不断积累与创新的过程中的"民本"理论，说明王符已经认为民本思想是国家政治组成的一部分，值得重视和考量，具有深刻的价值。

西汉时期的"民本"思想是基于先秦思想并不断提炼的成果，发挥着重要的影响作用，以"重民"思想为中心，从民为神本、至民为君本，使"民本"思想在原有基础上进阶到了一个新的发展阶段，先秦是民本理论的形成时期，西汉时期是民本理论运用实践的发展阶段，集合并诠释了诸子百家中关于以民为本的思想，并得到了君主的实践和完善，弥补了先秦时期理论充足但不具备实践的缺憾，使民本思想进而成为当时统治的核心思想和中国儒家学说的重要组成部分，对执政和管理予以约束，更重要的是，两汉"民本"思想成为汉朝后整个历史阶段的思想根源。主要原因在于两汉王朝是继战乱平息后在秦朝之后的第二个大一统王朝，是中央集权制时代的开端。在"民本"理论的引导下，两汉时期的政治、经济及文化制度成为了后朝所借鉴的范本，对国家的发展起到了一定的作用，也影响了社会的发展。如果把"民本"思想的发展阶段比作人的成长过程，那么先秦的"民本"思想就像人的青春。此时，人们已经有了一定的理想认识，理论基础初步成型，但由于社会现实情况缺乏外部物质条件而无法实现。而汉代民本思想的发展阶段类似于人的中青年时期，正处于发展的关键转折时期，在这个时期汉武帝罢黜百家独尊儒术，儒家思想成为正统思想，正如人到中青年已逐渐形成了自己的世界观，随着社会经验的不断积累，所有想法也变得较为成熟，拥有带有个体特征的深度认知，而这种认知理念作用于生活的方方面面，对生存空间发挥了巨大的影响。经过四百多年的不断发展，汉朝的仁人志士在实践的基础上发展儒家思想，将"民本"思想的发展逐渐完善。

隋、唐、宋时期儒家民本思想的发展

继先秦两汉时期之后，魏晋南北朝时期由于诸侯割据，长期战乱，社会动荡，文化发展也受到影响，人民将现实生活中无法实现的和平安定的愿望寄托于佛家、玄学思想的传播，儒家思想失去了独尊地位，至三百六十余年后隋朝建立，社会意识形态逐步形成了儒、佛、道三教合流的趋势。而通过对隋朝史迹资料的研究，隋朝的儒家思想主要体现在君主的诏旨中，其中包含了以民为本的部分，如"君民建国，教学为先，移风易俗，必自弦始"①。但由于隋末君主对功绩的追求超越了当时人民所能承受的能力，为了满足个人的欲望以及对人民暴虐无道，并没有践行以民为本的思想，故导致了四海怨怼，隋朝最终被唐朝取代。

唐朝在隋朝的建设基础上完善了府兵制、三省六部制，吸取了隋朝对人民施行暴政导致灭亡的教训，开创了儒家思想发展的新阶段。不仅将"民本"思想通过典籍记录，还将"民本"王道思想上升到了国家意志，编纂了《群书治要》，传承以民为本、以德治国的意志，开创了"贞观之治"。通过君主颁布的政策法令对人民广施仁政，把思想落到实处，并且与邻近国家相处和睦，

① （唐）魏征等著：《隋书》，中华书局，1973年，第59—69期。

文化交流频繁，将大唐文化、经济、政治色彩传播到了日本等地区。唐朝"民本"思想的发展因房玄龄、魏征等政治家倡导善待民众，引用古人"百姓不足，君孰与足"的思想，使得民生安定，社会繁荣，唐朝君主唐太宗在以房玄龄、魏征为代表的儒家思想家的辅佐下，认为人民富裕国家才会昌盛，人民生活困苦，才是国家动荡的根本因素，因此，在唐朝君主的执政中始终倡导妥善处理人民、国家、君主的关系，农商业发达，人民安居乐业，为唐朝的文化开明和广泛传播提供了丰厚的物质基础。

直至宋朝末期，儒家思想作为社会的基本思想理论，进入了鼎盛时期。由于宋朝注重文化发展，士大夫的忧国意识和以朱熹为代表的"朱子理学"的诞生，为"民本"思想奠定了基础，使传统儒家"民本"思想进入了新的发展阶段，君民的地位出现了新的转变，宋太宗在公元989年对自己的失误给人民带来的动荡不安，写下了史无前例的"罪己诏"，检讨自己仓促出兵的错误，"居上不明，御戎无策"，体现了君主对臣民的责任和重视，人民的利益比皇权威严更为重要。

（1）房玄龄

房玄龄由于出身士大夫家庭，自年幼起受儒家思想教育，在《贞观政要》中有关于房玄龄建议君主施行利民、爱民的仁政，重视以民为本的记载，例如在唐朝建立初期，人口数量由于战争锐减，百废待兴，房玄龄认为国家建设的重点在于恢复农业生产，让人民能够安定生活，而不是兴兵扩土，在发现军用物资生产出现异样时，向唐太宗李世民上奏：现在的兵器和盔甲生产数量已经多于隋朝。由此提醒君主不要忘记隋朝覆灭的教训，此时安定民心比军事力量和领土安全更重要，不要因为君主的个人抱负而增加人民的负担，罔顾民生。此外，他认为国家举行盛大的典仪会劳民伤财，给人民带来很大的生活压力，虚有其表对民生并没有帮助。因此，在房玄龄为宰相期间，唐朝没有举行过封禅大典，并且参与了唐朝的三省六部制、吏治、均田制等利民制度的制定和完善。

房玄龄的"民本"思想体现在对本国人民的政策上，延续了孔子"远人不服，则修文德以来之"的德政思想。为了所有的人民不陷于战争从而影响社会生产发展，与各个邻邦友好相处，给唐太宗提出了使人民安居乐业的"三不征伐"的建议：如果不是有失臣子礼节、侵扰人民、为患国家的三种情况，都可以不征伐，否则会因小失大。使当时的唐朝与邦外外交关系成为后世典范。

房玄龄辅政时推崇儒家思想的"美教化，移风俗，莫简于儒"[①]，认为感化人心可以统一思想和文化，有利于管理人民，建议用意识形态的管理"以德治国"，实现了儒家仁者爱人、以仁治天下的思想。与隋朝刑律中残暴的风格不同，房玄龄在修订刑律时提倡"仁本，刑末"，慎用刑法惩戒，在合乎仁义礼仪的前提下，改为较为人性化的方式，并且提出"博采众议堪行用而与旧礼不同"，吸取前朝骄奢独断的教训，提倡广纳建议，集中智慧，根据具体情况确定惩戒方式。这在房玄龄修撰的刑律中有所体现，"于是除断趾法，为加役流三千里，居作二年"[②]，是

---

① （后晋）刘昫撰：《旧唐书》，中华书局，1975 年。
② （北宋）欧阳修、宋祁撰：《新唐书》，中华书局，1975 年。

对古代刑律和儒家"民本"思想的创新式结合，被后朝所借鉴，特别是明清时期的刑律皆以此为基础进行编撰。"儒家吏治"是唐朝对儒家"民本"思想精华的独特体现，充满了以民为本的思想色彩。

（2）魏征

据《贞观政要》中记载"君，舟也；人，水也。水能载舟，亦能覆舟"，用船和水的关系比拟君民关系，是唐朝名相魏征对唐太宗的进谏，延续了荀子"君者，舟也，庶人者，水也；水则载舟，水则覆舟"的思想，将君主拟作船只，将人民拟作能推动船只航行的水，水可以使船只行驶，也可以淹没船只。魏征通过这样的比喻是希望君主能够注意人民对统治政权的影响力，船只离开水是无法航行的，水浪也可以吞没船只，就是比喻人民推翻政权。君主有了国家才会拥有权力，国家有人民的支持才能够存在，如果人民因为君主的暴政，不支持国家建设，君主的统治就会被人民所推翻。因此，君主对人民要存有敬畏之心。而唐朝是建立在人民起义推翻隋朝统治之时，所以魏征是在君主的亲身体验上提出重视人民，将儒家思想的以德治人，用仁义治国与现实相结合，劝诫君主"偃革兴文，布德施惠，中国既安，远人自服"①，鼓励君主吸取前车之鉴，认识到人民的价值和影响力，安抚民心，才能使国家安定，经济繁荣。

魏征的"民本"思想是以协调君民关系为出发点，把安定人民的生活，提供给人民生活的保障作为辅助君主制定国策的根

---

① （唐）吴兢编撰，东篱子解译：《贞观政要》，中国纺织出版社，2016年，第169页。

本，延续了儒家"民为邦本，本固邦宁"的思想，通过总结历史经验和深刻反思，使君主能够体会人民对于社会生产的价值和对于国家建设的决定性作用，强调了人民是国之根本的意义，因此，除了对人民价值的认可和尊重，魏征还提出以仁义治国，减轻人民的徭役和税赋，对人民惩处要从宽处理，从而使人民能够有能力积累财富，从而增强国力。这样以人民为根本的思想使唐朝的统治开明并人性化，对唐朝的建立和强大发挥了重要作用。但是，在魏征主张的以人民为根本思想，主要是通过对君主的劝诫而实现的，如果没有得到君主的认可，依旧无法施行，如唐太宗李世民曾罢朝"岂过魏征，每廷争辱我，使我常不自得"。虽然唐太宗放弃了想要杀掉魏征的想法，但也反映了当时"民本"思想的主动权依旧是掌握在君主手中，赐予人民的福利，维护的是皇权的长期统治而不是人民的权利，目的是更好地统治人民，用来巩固社会稳定的秩序，是当时专制统治维护的工具。

（3）朱熹

朱熹认为，儒家"民本"思想虽然从夏商周时期开始得以流传，但是并没有被得到真正的践行："千五百年之间……虽或不无小康，而尧、舜、三王、周公、孔子所传之道，未尝一日得行于天地之间也。"他将自己对儒家思想的理解写入《大学》《中庸》《论语》《孟子》的注释中，"国以民为本，社稷亦为民而立，而君之尊，又系于二者之存亡，故其轻重如此"[1]。在孟子"民贵君轻"思想的基础上，朱熹认为君主既然知道人民是国家的根

---

① （宋）朱熹撰：《四书章句集注》，浙江古籍出版社，2014年，第284—293页。

本，是谋求社稷的原因，人民可以决定国家的存亡和君主的废立，所以民心才是君主最需要的。他所编注的《四书章句集注》作为理学思想体系的代表作，极大地推动了儒家学说的传播和推广，产生了很大影响，被后世称为儒家理学的"集大成者"，尊称为朱子。

朱子不仅在思想理论上对儒家"民本"思想有了新的注解，在现实中，也通过倡导减轻赋税、体恤民情、兴办教育、减轻负担来践行自己的爱护人民的理念。他在南康军任知军、至漳州任知州等公职期间，主张从长远利益出发，劝导宋孝宗，人民是国家的根本，国家就像是树，民心是树的根，失去了根，树木就会枯槁，会倒下，故"而悉除无名之赋，方能救百姓于汤火中"[1]，吁请为了国家的稳定，通过一些避税措施，减轻人民赋税的压力。在朱子赋闲在家的时期，不忘体恤人民疾苦，与好友共同创办当时的粮仓"社仓"，广修工事，帮助人民抵御饥荒和洪水，批判加重人民劳役负担、影响农业生产的制度，主张养民宽民，使人民为人民的长远利益考虑。他认为体恤民心是天下最要紧的事情，"天下国家之大务，莫大于恤民"，体现了"民本"思想对于国家的重要性。

朱子从人民的精神生活层面考虑，普及教育，兴建书院，编著了《小学》《童蒙须知》《训蒙绝句》等适合少儿阅读的读物，开启人的心智，通过对儿童至成年的终身教育理念，提高人

---

[1] （宋）黄士毅编，徐时仪、杨艳汇校：《朱子语类汇校》，上海古籍出版社，2014年，第1045页。

对外界的认知深度，在满足基本生活需要的基础上，追求更高的精神境界，提高国民素质，推动民族文化发展。朱子曾为当时最大的书院之一白鹿洞书院写下了《学规》，即《白鹿洞书院揭示》，使书院成为南宋时期以后办学的典范，并邀请国内著名学者在此教学，使更多的学子得到更好的教育资源，为国家培养贤达之士，为安邦治国发挥了积极作用。

明清时期儒家民本思想的超越

明太祖朱元璋出生于贫苦人家，通过农民起义取得了政权，他深知人民的强大力量，也畏惧元朝覆灭的覆辙，从中吸取教训，认为作为君主，就是要重视人民的疾苦和需要，因此休兵发展经济。但随着商品经济迅速发展，古老的"民本"思想内容已无法满足社会发展需要，悬殊的贫富差距激发了社会阶层之间的矛盾，统治阶级和民众之间的问题日益突出并且无法解决，儒家思想逐渐被搁置，人民起义不断，反抗君主专制带来的不满，这样的社会现象，更凸显了民本思想对社会的必要性和重要性。于是，社会上的有识之士和众多思想家以儒家"民本"思想的发展为基础，对现实问题进行了纠正，并引发了以民为本的社会思潮。在这样的背景下，催生了儒家"民本"思想开始在近代社会里开始了更深层次的演变和发展，较之传统民本思想而言，明清时期的"民本"思想更丰富，它处于近代封建专制史的最后一个历史阶段，对古代传统的"民本"思想进行了改造，与现实社会结合得更紧密，它是近代民众抵制专制统治的产物，更加强调了对民众社会地位的保障，并通过理论升华，指导了推翻专制统治的群体性行为，加强了"民本"思想对现实社会政治发展的影响力。

明清时期的"民本"思想在古代"民为神本""民为君本"的基础上，把民本与统治阶级剥离，强调了以民为本的影响力，质疑了君主专制的制度，在传统民本思想的基础上，予以创新，创造了强调自我的"民本"思想，宣扬了监督和限制君主权力的政治体制，如"内阁制""宰相制"等，具有强烈的时代气息。

（1）民主思想的确立

明清时期是皇权思想最鼎盛的时期，由于皇权已经无法满足人民的生活需求，而传统的"民本"思想也受到约束，需要寻求新的发展。随着黄宗羲、顾炎武等具有批判精神的思想家，对于不合理的朝政展开评议并予以批判，发表了人民是天下的主人，君主只是为了人民服务的过客等带有民主思想的观点，为进入民主思想的新阶段做好了铺垫。

明清时期的学者、思想家从社会经济发展状况、政治、经济等方面对君主专制进行了强烈的批判，揭露了君主专制把国家作为私有财产，指出君主享有过多的权势和财富，认为国家权力的基础在于人民，而君主的权力是从人民手里篡夺来的，并且，强调了对民众不利的统治必将被替代的事实，从而指出中央集权制的弊端是导致君主专政衰落的主要因素。

19世纪中期随着鸦片战争的爆发，西方民主思潮进入中国，随着对民主思想的逐渐了解，在民惟邦本的基础上，中国的有识之士汲取了西方民主思潮的新做法，参照了西方建议推翻清朝政府，设立中华民国临时参议院，希望通过新的政治体制体现民情，传达民意，能够更好地稳定民心。但是，当时只依靠民主思想的建立和调节，已经无法解决剧烈的社会矛盾，然而明清时期的民本思想为民主主义的思潮打开了入口，提供了发展的理论基础，留给了民主思想新的发展空间，为实现人民的利益留下了新的发展空间。

（2）君臣民关系的转变

三纲五常中的"纲"指的是"君为臣纲，父为子纲，夫为妻纲"。其中，君臣关系是指大臣必须完全服从君主的命令。明清时期，君臣民关系体现了平等、自由和理性的意识，突出了人性在"民本"理论中的重要性，在理论上以改变对君臣和君民关系的观点，为传统忠君为中心的执政模式向强调政治道德的执政模式的转化，起到了重要的铺垫作用。

明清时期的民本思想家主张君臣平等，君民平等，提出了"君臣师友论"，即便在君权独大的乾嘉时期，也有尊重平等的人格，强调人人都有维护国家制衡君权的责任和权利。钱大昕提出，以一个人的力量治理天下，不如让天下人各自用自身的力量做好自我管理，并指出"与国人交，天子之视庶人，犹友朋也，忠恕之至也"①，君主和大臣之间不再出现因为臣子向君主表达忠心而受制于君主的不平等的君臣伦理关系，使君臣关系回归到平等忠诚的亦师亦友的关系上来。执政者地位并不高贵，普通民众的地位也不低贱。

清初"蜀中三杰"唐甄，针对社会政治弊端，强调了"富民"的观点，否定了君权神授的思想，提出"天子之尊，非天地大神

---

① （魏晋）李康著、于平译：《昭明文选》，华夏出版社，2000年，第2063—2072页。

② （清）唐甄：《潜书》，四川人民出版社，1984年，第211页。

也，皆人也"。"天子虽尊，亦人也。"②君主并不是神，是普通的人，君主的地位和权势导致了君主容易一叶障目，看不到济世之道。因此，只有将君主的权势予以抑制，才能避免政治腐败不顾民生的黑暗现象。要加强臣吏诚政的权力，还要加设"六卿"作为约束君主的官吏。君主也需要自觉约束自己的行为，平等地对待臣民，"接贱士如见公卿，临匹夫如对上帝"，并指出君主如果不能抑制自己的权欲，"虽九州为宅，九川为防，九山为阻，破之如椎雀卵也"①，认为即使使用荆蛮的黄金制造兵器，将几省的人民充当士兵，也无法实现强国。按照历史的发展趋势，君主所有的权势以至性命都将因忽略臣民而被摧毁。

著名政治家、思想家黄宗羲也提出了类似的思想理论，倡导民主、民权，认为"天下为主，君为客"②，君主是为了人民存在的，如果没有人民，君主本身也就失去了意义。从他的观点分析，国家和君主的存在都是因为有人民，君主只是维护人民的生活安康，国家是为了使人民居有定所而存在的，只有以民为本，才能避免因为颠倒了君民之间的重要性而发生国家动荡社会不安，只要以民众的福利为先，君主就可以实现长治，国家即可久安。这不仅重新诠释了君民关系，更是对传统的儒家"民本"思想的发展和创新，对"民本"思想的改良具有重要意义。

明清民本思想发展于西方民主思潮产生之前，由于中国儒家

---

① 王超译：《论语》，北京联合出版公司，2015年，第95—102页。

② （明）黄宗羲著，赵轶峰注说：《明夷待访录》，河南大学出版社，2016年，第124—126期。

思想中"民本"思想的长期积累和验证，使其本身更具备了时代性和可实践性，为中国近代新民主主义奠定了理论基础，也为中国真正实现"以民为主"的理念作出了贡献，衔接了传统"民本"理论与现代"民本"理念，为"一带一路"倡议的提出积累了理论依据和实践经验。

本章小结

综上所述，在儒家思想的产生和发展的过程中，无论在东方还是西方，统治权主要集中在少数统治者手中，通过对人民意识形态的影响，形成了皇权至上的绝对权威。儒家"民本"思想被作为中国古代社会主流的价值观，最高境界是实现天下大同，这样的思想对国家的可持续发展有着重要作用。但由于"民本"思想产生的时期人类社会还处于初期发展阶段，儒家思想的价值受到限制，"民本"思想的内涵没有得到全面落实，只择取了有利于王治的部分得到了重用，通过民贵君轻、民惟邦本的思想敦促历朝历代的统治者提供使人民能够安居乐业的条件，获取民心以保统治地位。儒家思想在当时成为说服人民服从王治的道德据点。

如荀子所言，人民大众既有"载舟"的能力，也有"覆舟"的能力，但在中国古代现实社会，统治者由于政权过于集中，常会忽视人权，丧失民心。导致此类问题的原因并不在于儒家思想本身，而在于思想理论产生与存在的社会背景，如果权力过于集中在少数人手里，大部分统治者最终都会选择为了享受最高级别的自我需求的满足而实现自身权益的最大化，以付出人民的利益为代价实现个人的生理需求和自我价值，人民通过社会劳动所应得的尊重和利益，只能被统治者个人的思想境界和道德观决定，而无法取决于正常的社会价值观。

可见，国家的兴衰成败，被意识形态的发展阶段和政权体制所制约，这是由上层建筑对经济基础的反作用所决定的。人类文明没有对错之分，思想没有主次之分，中国古代儒家"民本"思想的发展历程，从一定意义上体现了中国古代统治阶层的兴衰，更为了现阶段的发展警世喻人，正视并运用儒家文化的积极力量，可以为现代发展提供丰富的理论依据和实践机遇，体现了人类文明对人类社会的价值。

第4章 儒家民本思想的基本内涵

儒家思想由孔子创立，在此基础上由孟子和荀子进一步展开，将人应有的品行概括为"五常"，包括"仁""义""礼""智""信"。"仁"在当时的社会背景下被解释为对人的爱护，是导人向善的表现，具有强大的教化功能，居于五常之首，是所有儒家思想的根源，在儒学经典著作《论语》共出现一百零九次，是孔子毕生讨论最多的主题，被作为儒家最高伦理准则和道德典范。国以民为本，仁当生不伤，在君主制国家，"以民为本"是最典型的仁义之举，因此"民本"思想作为儒家"仁"学的核心，与统治阶级思想融合，提倡"民为邦本，本固邦宁"，从重民、富民、教民等方面践行了民本思想的基本内涵。

一、儒家民本思想的基本内涵

民贵君亲

随着周王朝的覆灭，儒家思想开始处于萌芽时期，孔子对于复兴周礼有着执着的追求，便广征门人传播儒家思想。在孔子之后，孔子的继承者荀子、孟子和其他门人不断将其发扬光大，直至先秦时期，儒家思想在这些优秀学者的手中不断丰富，而"民贵君轻"的理念，标志了民本思想的确立。揭示了其对中国社会的发展产生的深远影响。

首先，人民的作用无可替代，君主、土地都可以变迁，但是人民是不变的，因此执政者只有被人民拥戴，才能巩固王权。不仅孟子提出了"以民为本"的思想，老子、孔子等春秋时期的思想家同样认为人民对于国家而言比君主更为贵重，同样体现了"民本"思想的意义。在儒家思想经典语录里，有关"民本"思想的早期论述最著名的是"民惟邦本，本固邦宁"，出自《尚书·五子之歌》，意味着人民是国家的根本、基础，只要人民安居乐业，国本就牢固，国家就能安宁、太平。《五子之歌》是从孔子故宅里发现的汉代（可能是汉武帝末年〈公元前890〉）的一篇尚书文稿，主要记载的是夏朝太康失国"太康尸位"的故事，归在《尚书》的"夏书"篇目中，表达了对夏朝覆灭的感慨，表现了亲民且不可轻民的政治思想，治国不仅要以身为本，更要以民为本。

孟子曰："民为贵，社稷次之，君为轻。"民贵君轻的思想突出了人民对国家的主导性，人民对于执政者而言，不再是接受约束的角色，而是可以决定并颠覆政权，对于失掉民心的君主，人民可以"讨伐"并另择明君。人民在那个时期，对国家已经具备了一定的行为能力和决策权，进一步指出了如果需要保障统治者的地位，首先要得到人民的支持，突出了人民群众的重要性。

儒家思想讲求"天人合一"，肯定并发展了"天视自我民视，天听自我民听"的论点，上天看到的事物来源于人民所见到的，上天听闻的内容来源于人民所听到的，天意，就是民意的体现。结合国家的意志，拥戴仁爱的执政者，讨伐失去民心的暴君，这正是"民贵君轻"的体现，这样的思想，对当时封建时期的执政理念，起到了制约制衡的作用。

其次，人民需要被爱护。国家是否能够繁荣昌盛，其中很大一部分原因在于，君主是否能够做到以人民为本，爱护自己的百姓。孔子曰："古之为政，爱人为大。不能爱人，不能有其身；不能有其身，不能安土；不能安土，不能乐天；不能乐天，不能成其身。"[1]意思是，古代的执政，是以爱护民众为重，不能爱护人民，就不能保全自身，不能自保就不能安定国土，不能安定国土，就不能乐享天命，不能乐享天命，就不能成就自己。所以，只有爱护人民才能巩固皇权。孟子认为如果君主把人民的快乐作为自己的快乐，那么人民也会把国君的快乐作为自己的快乐，因此应该乐民所乐，爱民所爱，这样人民也会感恩回报，维护政权。他参考夏商周三朝的历史，认为不应该只贪图自己享乐，随心所欲，而忽略人民的感受，爱护人民才能赢得人心获得支持，"三代之得天下也以仁，其失天下也以不仁。国之所以废兴存亡者亦然。天子不仁，不保四海；诸侯不仁，不保社稷；卿大夫不仁，不保宗庙；士庶人不仁，不保四体。""民贵君轻"的观点体现儒家思想的"仁"，强调爱人民，仁者爱人，以民为本。很多儒家经典著作中对此进行了深刻的分析和阐述，对后世产生了影响，唐代史学家吴兢所著的《贞观政要》里有云："治天

---

① （西汉）戴圣著、刘小沙译：《礼记》，北京联合出版公司，2015 年，第 102—105 页。

下者，以人为本。"意思是一个国家想要长治久安，繁荣富强，必须维护人民的利益。

儒家"民本"思想以"仁"教化人心，济世为民，主张亲民、爱民、富民，揭示人民的社会功能，把人民喻示为安邦定国的根本，明确了人民对治国的重要性，从而培育贤能辅佐明君，用国家政权保障人民的基本利益。虽然被当时的体制所限制，没有完全得到落实，但是对当时的治国方略造福社稷产生了重要的影响，也为新时期民本思想奠定了发展的基础。

富民安邦

以民为本的思想是为了给予人民富足的生活，这是朴素"民本"思想的体现，人民在温饱之余才能够实现社会物质积累，拥护政权，关心社稷。富民安邦契合人性最基本的生存需求，虽然当时的富民政策受到制度的约束，一切政策以维护统治阶级利益为先，但富民安邦的思想却启发了后世的政治经济发展道路，为改革开放积累了实践经验。

首先，富民是满足人民最根本的需要。孔子认为"富与贵，是人之所欲也"，[①]想要得到富贵，远离贫贱，是人的基本物质需要，是由人性决定的，是生存所需，只有生存有了保障，才有余力追求精神生活。《尚书·大禹谟》中提出德唯善政，政在养民，意思是好的执政方法是施德政，德政在于养活人民。孟子也认为，人民只有不再担心生存所需的时候，才会有可能考虑德行的问题，才会有自律的意识。物质层面的满足是追求

---

① 王超译：《论语》，北京联合出版公司，2015年，第27—32页。

精神境界的前提，没有物质基础，空谈伦理道德是不切实际的，即所谓的"无恒产，因无恒心"。①如果人民连最基本的衣食住行都没有办法满足，人民就有可能产生通过非正常途径获取物质资源的方式，从而扰乱秩序，挑起动荡，影响国家安宁。

因此，富民不仅是能够满足人民的基本生活需求，保障人民的生存条件，更是有效治理国家的方式。孔子在与学生子贡谈论治国方略时，孔子表示首先需要满足人民对于食物的追求。"足食"的需求被置于治理国家的优先地位，提出了富民的重要性。除此之外，齐相管仲主张国家减征赋税儒役，藏富于民，保障国家的财政收入，"无夺民时，则百姓富。牺牲不略，则牛羊遂"。②若是可以做到解决百姓的烦忧，使百姓得到资财，使百姓得到安全，使得人民得以休养生息，把国家的利益同百姓的利益相互关联，那么百姓则能够自发地爱护国家、忠于国家、报效国家。百姓生活质量的高低在某种程度决定了国家政权是否安定。"民富则安乡重家"，如果能够做到乡里安定，家庭和谐，那么就会尊重君主，害怕获罪，当百姓害怕获罪时，那么国家则会易于整治。进一步说明了富民也是国家发展的需求，呼吁减轻人民的负担，减少赋税，让人民积累财富，国家财政实力才能稳固。清初思想家唐甄曾提到，国家富庶程度是依赖于人民群众的，而不在于国库资财，强调了国家想要实现富有，首

---

① 孟子著、牧语译：《孟子》，江西人民出版社，2017年，第103—122页。
② （春秋）左丘明撰、迟双明解译：《国语全鉴》，中国纺织出版社，2020年，第100—102页。

先需要实现人民富有。魏晋时期思想家傅玄在孟子富民先于教民的想法基础上，提出了"民富则安，贫则危"，[①]意思是执政者如果想更好地统治国家，就必须先安定民心，要安定民心，就必须先让人民富裕。如果导致了人民生活没有保障，穷困潦倒，为了生存，很有可能铤而走险，背井离乡流离失所，滋生事端。西汉司马迁的《史记》中有一句"治国之道，富民为始"，说的就是治理国家首先就是要使人民富裕起来，以民为先。

由此可见，无论在什么阶段，无论历史背景和社会体制的变化，只要坚持以人民为中心的发展思想，更多更公平地惠及全体人民，才能推动历史的发展，民富则国强，国强则安邦。

天下大同

"天下大同"是由孔子提出的，孔子是儒家思想的创始人，是春秋时期最重要的政治家和哲学家。他所提出的"天下大同"可以被概括为中国古代儒家"民本"思想所追求的理想社会，是中国古代社会的基本思想框架。"大同"是孔子的终极理想。他说"四海之内皆兄弟也"，中华民族应该像一个家庭和兄弟般亲密。"仁者爱人"是基础，以民为本是过程，"天下大同"是儒家思想希望人类未来发展的理想结果，每个人互爱互助，没有贫富差异，没有战争，安居乐业。也被称为"大同世界"。

"仁者爱人"是以民为本的前提，让每个人都彼此相爱，才能够做到以民为本，构建和谐社会，人民安居乐业的大同世界，因此孔子的"天下大同"从根本上是鼓励践行民本思想的方式。

---

① （唐）房玄龄等撰：《晋书》，中华书局，1974年，第869页。

大同的这一思想对中国历代思想家产生了重要影响。东汉末年，五斗道首领张鲁在汉中建立了"义舍"，供应"义米"和"义肉"，为路人提供粮食。南宋初钟起义提出了和平计划："法分贵贱、贫富，非善法也，我行法，当等贵贱，均贫富"[①]。在中国古代历史上，人民起义都是为了争取平等和权益，为了实现"天下大同"，进行了不屈不挠的斗争。

太平天国领导人洪秀全吸收了基督教义的平等思想，并提议建立一个共同耕种、共同吃饭、共同穿衣、共同拥有和使用，到处都是不均匀和丰满的社会计划。清朝资产阶级改良主义政治家、思想家和戊戌变法领导人康有为编绘了《大同书》，提出要打破国家、阶级、物种、形式、家庭、工业、混乱、类别和苦难的九个界限，实现天下为公、无阶级、人人平等、没有专制君主的"大同之世"；现代中国革命民主政治家和思想家孙中山先生明确指出，中华民族向全人类展现自由、平等和博爱，大同的繁荣时代将不难到来。中华民族不仅是一个有崇高理想的民族，而且是为了人民具有献身精神的民族。

现代中国所传承的"大同"思想不再是古代儒家思想中为了争夺生产资料的共同所有权，而追求的是人与人之间没有等级差别，没有剥削和压迫，平等和谐，每个人都有自己的收入，幸福快乐地生活。因此，现代的"天下大同"所重视的不是物质财富的平等，而是人民精神信仰的统一，强调了人文精神中尊严、

---

① 开封师范学院．宋史祖：《略谈钟相杨幺农民起义的革命纲领》，《历史研究》，1975 年 5 月，第 6 页。

人格和个人权利的平等，更像是现代文明的公平、正义和正义的社会观念。虽然中国传统文化中的大同思想有很大的历史局限性，但全人类的崇高理想和精神都是值得尊重的，贫穷、财富、荣誉和卑微的象征，充满了真正的自由、平等和丰饶，渗透了中国优秀的文化传统的"大同"思想，描绘了人类命运共同体的实现，是全球化核心内涵中最有价值的文化财富，值得继承和弘扬。

二、儒家民本思想的基本特征

君权是民本的基础

儒家思想主张以仁治天下，强调以仁待人，归因于人民对执政的作用，喻为"水可载舟，亦可覆舟"。统治权虽然在君主手中，仍会受到人民的制约。这是用权力的掌控诱导执政思想要以人民为中心，做一切决定前要考虑人民的利益，否则会失去权力。

但是在中国古代的封建制度下，掌权的是君主和官吏，所以只能用获取权力的可能来衡量民众的价值，这是由制度造成，对儒家"民本"思想具有一定的局限性。儒家的"民本"思想特征在于等级制的体现，儒家思想提倡的"亲亲""尊尊"，亲近有亲缘关系的人，尊重在尊位之上的人，这是中国表现封建礼仪文化中最重要的部分。其中，"尊尊"不仅体现了古代社会君尊臣卑的礼仪，并以本质上维护了封建等级制，通过重视"民本"进行"人治"，通过强调"德治"而维护"礼治"，最终目的是巩固君权，因此，君主重视人民的感受才被称为"仁君"，具备赐予人民的仁德，对于国家而言，贤能的君主才会有这样的品格。这是把对国家的管理寄托于君权之上，而所有利于国家管理的因素都需要被倡导，由此，需要落实以民为本的理想，这样就把君权和"民本"思想完全联系起来，加以合理化，把追求权力作为以民为本的出发点和目标，这样既有利于君主对国家的治理，体现了封建等级制度的合理，又通过对开明君主的寄望，维护了人民的利益。

儒家思想认为执政者能否掌权在于是否认可人民的重要性，被人民所拥戴，人民是国之根本，但改变不了政权属于君主而不是属于人民的本质。这是儒家"民本"思想在当时所具备的时代重要特征，即人民有能力决定权力归属，但却不能拥有权力，因为在儒家思想里，很多以民为本的理论思想只是停留在维持社会秩序和反抗暴政的被动维护安全的层面，并且，大部分理论只是风行一时，并没有被坚持不懈地实践下去，甚至在部分内容里，人民也是需要服从和配合君主的决定的，即使是讨伐暴君，从封建社会的伦理道德上看，是不被理解和接受的。

儒家"民本"思想中的关于执政为民、不能善待人民就会被推翻政权的思想，都是以民为本、仁者爱人的现实根源。从历史上看，很多对人民有益的想法以巩固君权为标准，停留在理论思想阶段，导致了长期以来寄望于统治者的品德而延续这个理念，等级观念根深蒂固，并没有用实际行动实现真正的以民为本的社会治理，脱离实践验证约束了"民本"思想理论的进一步发展，这从一定程度上解释了儒家思想的局限性。但随着时代变迁，"一带一路"倡议中体现的"民本"思想，强调的是人与人之间必须平等才能互利合作，并演变成为一种人人都可以参与并落实的行为。

以民生为本

"民之贫富，国家休戚系焉"，明太祖认为人民的生活水平之高低，关系到国家的存亡，而对人民最重要的就是农耕秋收，解决温饱问题。儒家思想是皇权集中制的产物，儒家思想看重人民的价值，从而重视民生，人民作为国之根本，执政者必须顾及人民的衣食住行，保障他们的基本生活，只有解决了温饱问题的统治者才能使人民安定生活，从而国家提高生产力，发展经济，让人民都富裕起来，安定人心，巩固政权。被人民拥戴，这是历代执政者所经历的事实。

因此，儒家思想家为了帮助国家提高生产力，改良农业发展，保障人民的基本所需，也提出了一些举措，例如平均分配土地，把土地使用权和所有权分开，在分等级的基础上尽量保证平均分配等。

（1）不患贫而患不均，不患寡而患不安

《论语·季氏》提到"不患贫而患不均，不患寡而患不安"，孔子指出国家不担忧财富少，而担忧人民所分得财富的数量不均匀，也不担心民众的数量少，但是担心人心团结安定。关于"均"，宋朝的理学家朱熹指出："均，谓各得其分；安，谓上下相安。"[1]这是指各阶级的人按照身份和等级划分，具体而言，就是按级别进行分配，级别高的分配多, 级别低的分配少, 各级之间不能僭越，因为孔子的儒家思想讲究的是按名分配、以"礼"闻名。

"名"指的是君君、臣臣、父父、子子。"礼"讲究的是按照

---

① （宋）朱熹撰：《四书章句集注》，中华书局出版，1983年，第169页。

等级，各安其位，各司其职，各尽其责，各享其份，才可以维持社会安定，上下不乱，和谐共处。所以儒家思想为了稳固皇权，营造出和平共处的环境，提倡按照阶级高低划分资源，包括田地。

（2）分田到户

由于平民处于社会底层，分到的田地等资源通常是最少的，这对于农作物的耕种和生产力的发展很不利，对国家经济无法起到积极作用，因此，孟子提出了"分田到户"的说法，就是国家平均分给每户人家田地和住宅，每户人家按照国家规定的标准缴纳赋税。

首先，"分田到户"解决了贵族阶级的农耕问题，由于国家大部分土地都给了皇族和贵族，而他们人力有限，无法将土地全部投入使用，造成了资源浪费。相反，在土地所有权不变的前提下，将这些贵族的土地分配给人民用于耕种，可以生产出丰富的粮食，并把一部分粮食上交国家，既增强了国力，为国家奠定了后盾，也使人民争取到了更多的劳作机会，创造出更多的社会价值，在满足了个人生活所需的同时，造福了国家。

其次，孟子在等级制思想的基础上，提出了"九一而助"的井田制度，将土地也按照等级划分，将田用井字划分，中间的田地为公田，归国家所有，其他的田地为私田，每一户在耕种私田的同时，共同照顾好中间的公田，这样把田地分为公田和私田，就是将平均分配的田亩划分一部分的产物归国家所有，其余私田地产物归私有。此外，还将郊外的土地区分于城内的土地，并且把所需要缴纳的税款按照分类，调整为不同的金额。

（3）计口授田

东汉末年的思想家何休提出了"计口授田"的措施，比孟子的

"分田到户"更具有公平性，根据每户人家的人口分配田地，需要国家有很多闲田。将没有归属或者归属者不明确的荒地作为田地赏赐分给君主贵族等所有，把这些粮田和桑田分配给当时因为不堪重负的流民和接受过贵族庇佑过的人口，并规定了粮田属于国家所有要收回，桑田可以不收回，制定了桑田的买卖办法，成年授田，老死还田，国家拥有所有权，人民只有使用权。地主、农民、奴婢及满四岁的耕牛皆可授田，国家按人口征收田租。在中国古代历史上，有很多朝代都采用过，但是这个方法最终因为田亩不够分配，并没有存续下去。

这个措施在封建等级制的背景下，将均分田地的措施进行了改良，不仅结合等级制把土地所有权和使用权分离，并对各阶层均分田产，既维护了统治权，又兼顾了平均，就减少了因为对分配不均管理不当而造成的流民迁徙和社会动荡，让人民能够安心地留在土地上耕作，这样才能安定社会环境，巩固统治。

（4）均田令

"计口授田"的措施，也造成了土地兼并加剧，使土地纠纷不断增加，阻碍了人民对田地的耕种，影响了国家的赋税收入，而儒家思想以"仁政"为基础，自北魏孝文帝时期开始至唐朝，本着"耕者有其田"的思想，在"计口授田"的基础上，开启了"均田令"，激发了贵族和地主阶级的积极性，目的在于激励他们为了得到社会地位或者其他价值，争取土地资源，并分配给人民充分利用，进行耕种后生产出粮食，这样归田于民的方法，保障了更多人民的生存所需，鼓励人脱离低级需求的满足，追求精神需求，在保障物质基础的前提下身心愉悦，实现自我的更多价值。宋朝理学思想家张载曾指出，社会贫富不均，就无法推进教育及其他，即使想要治理好国家也非常难，因此国家通过均田令，让富人们自愿把自己的土地租给无地或缺地的农民去耕种。在张载看来，如果保其富裕并授其官职，纵使取走其田地，有田者依然会乐于从命。关于合理处理这件事的方法，张载认为，可以依据富户原来所占有的土地量，来相应地给予不同级别的"田官"。田多者做大官，田少者做小官，"借如大臣有据土千顷者，不过封与五十里之国，则已过其所有"。①意思是在实行均田令以前，为了巩固奴隶制，地主以土地为条件，向耕种自己土地的人民索取大部分田产收入，作为田租；在均田令颁布之后，有田地人把手中多余的田地分租给了很多需要田地的人民，既可以获得田租，满足个人的物质需求，又可以通过大量分配田地的行为，获得朝廷给予的"田官"位置，把个人需求的层次向自我实现的需求层面提升，表面上坐拥土地和俸禄，实际意义是通过改革向国家缴纳税款以获取政治资本，其中的多数人并不在意俸禄的数额有多少，是否会少于田租，因为统治者会将提升职级作为上缴赋税的奖励，这使土地的实际掌控权逐步转移至国家，所以富者"所得虽差少，然使之为田官以掌其民。使人既喻此意，人亦自从"，②以保障人民的生计作为首要条件，在最高限度上实现不同阶层的人民对于物质和精神的需要。

　　从以上角度看，儒家"民本"思想很重视民生，所以会有积

① 张载著：《经学理窟》（中国古代哲学大典），深圳市河山科技开发有限公司制作，第3页。
② 张载著：《经学理窟》（中国古代哲学大典），深圳市河山科技开发有限公司制作，第5页。

极促进生产的想法，虽然在当时的社会制度下，发展生产因为要维护统治阶级的利益而受到约束，但也通过强调人民对国家利益的影响力，保护了人民基本的生存所需。农业耕作在中国古代是最重要也是最基本的生产力，为了提高生产力，土地所有者和使用者之间的生产关系就需要制度化协调，既要保证有足够的土地耕种，又要提高生产效率，最终的目的是维护各阶层人民的利益。由此可以看出"民本"思想的重要性。虽然有一些措施只能暂时缓解社会矛盾，短期内促进生产，但在一定意义上也大力开发了劳动力，并认可了人民的劳动成果是国家的根基命脉，和土地同样重要。

由此可以发现，儒家思想认为，统治者不但需要解决土地分配，还需要实现劳动力的合理安置，需要对国家政策方案进行调整，给予劳动者提供更好的环境，帮助劳动者利用更合理的时间进行生产活动。重民意、关心农民生计目的是维系统治，国家的统治者需要克制私欲，以人民的利益作为标准，切实关注民生，如"罕兴力役，无夺农时"。[1]随着社会的不断变迁，工商业不断发展，农业的发展也受到了一定程度的影响，尤其是明代中叶，出现了资本主义萌芽，但农业依然在儒家民本思想的保护下，通过不断改革创新发展模式，例如推行小农经济，采用一家一户为单位，进行男耕女织，这是中国古代民间最普遍的类型，也是儒家思想保障农业发展、促进民生的方式。因此，在中国古代经济发展过程中，农业经济始终占据了主导地位。

---

① 孟子著，牧语译：《孟子》，江西人民出版社，2017年，第309—348页。

由于古代以农业经济作为根本，批评不务农的劳动者，相比之下工商业得到的支持较少，较难实现扩张，无法实现良好的发展。"殴民而归之于农"，体现了儒家重农抑商的思想受到古代大部分大思想家的认同，但这些思想只是从生产力发展的宏观角度出发，没有考虑改良国家经济真正发展的状况，一直影响着历代统治者，直至近代才受到西方资本主义改革潮流的冲击被动摇，从古代经济发展角度看，重农抑商的政策与中国国情相符合，保证粮食产量是社会经济持续发展及国家安全的基本保障，只有通过此种方式才能保障人民的基本生活，帮助人民得到稳定的收入，安定地从事各行各业。所以，重农抑商的政策在当时的形势下是具备存在价值的。

（5）善教得民

在连年战乱、豪杰辈出的时代背景下，各种学术思想进行了激烈的碰撞，出现不同学派百家争鸣的局面，诸子百家争相希望能够得到各国统治者的认同，使自己的流派被社会所推广传播，着力挖掘自身学说的特色。儒家思想立足于统治者的需求而重建社会道德体系，以"民本"思想为理论基础，反对严酷的刑罚，如"善政不如善教之得民也"，这体现了儒家重视人教的思想，教化的目的是将反抗统治的思想消除于萌芽状态，使具有反动思想、消极意识的人失去依靠。儒家重教是因为人民是国家的主体，是社会发展的主力，社会的关键因素是人，因此，聪慧的君主可以通过教化于民培养对治理国家有利的社会意识形态以供己用，通过道德引导实现教化过程，而不是暴力，才会受到人民群众真诚的拥护，所谓得民心者得天下。

首先，儒家思想的核心在于"仁"，儒家思想温和的教育理念，指的是对人有慈爱之心，同时具有博大的胸襟。其次，儒家思想提倡"以德治国"。这里所提出的德，要求君主和人民都要具备较高程度的道德修养，这与严厉的法家思想体系形成完全不同的对比。法家提倡通过酷刑暴力来实现统治和治理，通过法律的指定与严格的执行来稳定王权，对于那些触及法律的行为，要给予犯罪的人严厉的责罚。因此，儒家思想提倡通过教化而获得民心支持，用对人民润物无声的感化来体现"仁""德"，从而提升人民的道德修养层次，有利于国家的治理，体现了儒家思想反对暴力惩治的方式，注重德行的教化以及品行的培养，熏陶人民的内心，提高人的预判标准，在出现错误前，通过道德引导消除犯错动机，发挥思想引领的作用，从而提升国家的教育覆盖率，提升国民思想境界，培育人民良好的价值观念，保障了有利于人民生存的和谐生活氛围，以上效应均合乎统治者的目标，有助于稳固统治者集权地位。

中庸之道

儒家"中庸之道"的"中"，是中正中和的意思；"庸"，译为平常平和，意思是要执中正之道，守恒常之理。万物是不断运动和变化的，当发展到一个极致阶段之后，必将向相反的方向发展，所以古人有云"物极必反"，是希望能够保持发展的恒常阶段。[1]

在当时，中庸之道是治国安邦的最高境界，也是衡量统治者

---

[1] （清）纪昀等撰：《钦定四库全书》，第3页。

的最高标准。在管理国家事务的时候，既要公正无私，也要通情达理。由于这两者相对处于对立面，因此要求统治者在综合能力上体现极高的情商，既能有客观的认知，明辨是非，又能和平解决问题。虽然有明哲保身的思想动机，但是从价值取舍层面看，这是一种更高标准的价值选择，体现的是面临对于自己和他人有不同影响的选择时，能够放下个人利益，从长远利益考虑，做出让渡个人利益的行为，这是一种内在的而非外在的得失，运用在国家建设中，就是为了保障人民的安定和幸福，用和平的方式恰到好处地解决问题，以推动社会平稳向前发展。

因此，中庸之道对于今天的治国而言，代表的是廉明执政，为保障人民幸福牺牲眼前利益，这是适用于今天的治国之道。

和文化

中国是全球上最早提出和谐思想的国家。注重人的思想价值，提倡人与世界的和谐相处，这是儒家传统文化思想的内涵，将和谐理念逐步植入人心，减少因为社会纷争而消耗的民力、财力成本和精神创伤，对社会的稳定有着重要价值。儒家思想认为在个人和谐的前提下社会才能和谐，因为社会关系是由个人的人际关系构建组成的，而为了实现社会的和谐，人应该提高道德修养，实现人自身与他人的良好的社会关系，这是实现社会和谐的基础。人作为社会自然的一个重要组成元素，任何情况下都是相互存在、相互发展的。人是社会整体中的一个独立因素，与社会相互依存同步发展。

（1）人际和谐：和谐社会的基本准则

儒家强调人与人之间的和谐关系，重视和谐，需要适度的原则。做事的时候需要按照事情的程度来进行把控，通过以此来获取良好的人际关系，防止人与人之间因为不同而出现矛盾。因此，从人民的生活出发，儒家思想提出了实现和谐的人际关系相关的一些准则。

第一是以和为贵。儒家观念中指出开展礼乐文化熏陶的目的是维持人与人之间的和谐，孟子也提出了"天时不如地利，地利不如人和"[①]，这是指在作战的过程中，共同参与作战的人是否具备良好的人际关系，是决定战争能否胜利的关键。传统文化将以"和为贵"当成实现人与社会良好和谐相处的重要法则，积极追求人与人之间的和谐。这里的和谐不单单是指行为的价值量度，也是人与人之间所实现的一个目标。儒家用"仁"来协调人际关系。从字体结构来看，仁爱是对"人"与"二"之间关系的处理，是指在两者以上的人际关系中维系爱护别人的道德原则，最终达到"和谐"的理想境界。

第二是宽容。"己所不欲，勿施于人"。不要强迫别人做你不想做的事，多做一些助人的事。解释为宽容，是因为"己所不欲，勿施于人"体现了一种人际关系之间的换位思考，即通过了解他人、从内心推断他人的内心想法、为他人着想、从他人的角度看待问题的思维模式，很容易获得对方对自己的理解和体谅，也就是不强迫别人，不伤害别人，面对伤害要尽可能地换位思考，选择宽容。这样就可以避免矛盾的发生或者扩大，即使有矛盾，也会很快得到解决。

---

① 孟子著，牧语译：《孟子》，江西人民出版社，2017 年，第 79 页。

（2）以民为本：人与社会的和谐

儒家思想认为统治者应该为普通百姓执行仁政，应该以德治国，爱护人民。因为统治者也是人，人生存在社会中，并依赖于社会，只有将个人主动融入社会，才能形成人与社会的和谐，使天下治理得更好。

儒家思想的和谐主张"和而不同"，反对"同而不和"。这与现代中国和谐社会多元化发展相一致。孔子"和而不同"的思想充满了创造性和多样性。人们通常认为，只有善于处理各种复杂矛盾，广泛参考和借鉴各种意见，吸收各种优势，才能达到和谐的理想境界。但是如果听不到刺耳的声音，看不到暗淡的色彩，尝不到令人厌恶的味道，就无法判断优良，建立对优秀质量的认知。只有在比较之后认识到差异，才能找到求同的方法。儒家的"民本"思想对于和谐社会的建设有着极其重大的意义，和谐社会的含义并不是没有矛盾的社会，因为社会运动是的，运动就会形成矛盾，这也是社会得以进阶的方式。任何社会都不可能没有矛盾，人类社会总是在矛盾运动中发展和进步的。也就是说，人在生活和工作中时时处处存在了不和谐，充满了矛盾。只要有人，有社会，有生活，就会有矛盾，有矛盾就会引发斗争。然而，社会要想前进、发展和变革，就必须依靠矛盾的运动、运作和解决，来改变其原有面貌，推动历史的进步。儒家"和谐"文化中的和谐不仅是多样性中的和谐，也是差异性中的和谐。和谐是通过人们解决矛盾来实现和完成的。这是因为和谐不是一个静态的对象，而是运动、运行和发展的逐步平衡，是差异中的协调，复杂中的有序，多样中的统一。和而不同的和谐才是真正的和谐。

三、儒家民本思想的现代价值

在中国传统政治文化中，以民为本这一思想理念一直被作为社会发展的主流价值观念，这种价值观念在古代是实现君主专制的一种方法，也是安定社会秩序的理论支撑，对于当代发展有着重要的现代价值。因为价值不应该被视为抽象的，而应该被视为生活的实质。

在中国古代的封建制度阶段，其政治体制采取中央集权的方式，国家的权力主要集中在君主手中，君主拥有绝对领导权，皇权至上。因而，各个朝代的统治者都懂得只有获取民心，才可以保有天下，普通民众具有"载舟"的能力，也具有"覆舟"的能力，然而在实际统治的过程中，常常会忽视民权，丧失民心。导致此类问题的原因不是在于社会体制，而是由于统治阶级为了实现自身权益的最大化，享受奢华的生活，往往倾向于更大限度地榨取人民的利益。

然而，儒家的民本思想倡导"重民意"，是对统治阶级这种不良意识产生的社会动荡的一种文化批判和抵制，突出了人民"所需要"具有的重要价值，以及人民在社会发展中的重要影响。

这种"重民"的思想在某种程度上帮助人民获取到了更多的权利，在封建社会主义发展的历史进程中，为知识分子留下了深刻的印记。鸦片战争爆发后，西方列强国家侵略中国，西方的民主思想思潮乘机而入，动摇了封建专制的统治，被中国的有识之士快速学习并结合中国的现状进行初步改良，诞生了近代史上的新民主主义思想，在康有为、梁启超等有识之士的倡导下，戊戌变法被提上日程，在推进百日维新改革时，将儒家民本思想进行创新，与近代西方民主主义思想相结合，为中国新民主主义革命的胜利和现代民主化的建设提供了丰富的理论基础和实践经验。

儒家"民本"思想的指导意义

儒家思想中的"以民为本"思想与马克思主义的"以人为本"观有一个共同点，即两者都肯定了人民在创造历史中的决定性作用。然而，儒家的以民为本思想是中国古代历史发展的产物，对"一带一路"倡议的形成要素研究提供了理论价值：一是落实"以人为本"，是以满足人民群众对物质基础条件的要求为前提的；二是以人民利益为出发点和落脚点，切实保护人民利益，让人民参与管理国家事务，使人民享有知情权。只有通过以上途径才能实现人在社会中的根本地位。

另一方面，为了实现国家繁荣发展，执政党需要传承儒家"民本"思想的经典，并汲取精华，以人民利益为首，赢得民心，获得人民强大的凝聚力，保障人民群众的利益，促进国家的全面性发展。

然而，在历史发展的进程中，任何思想均具有两面性，"民本"思想也同样如此。儒家的"民本"思想是为了统治者自身利益着想的，这种局限性是以维护封建等级制为基础的，因而不可能从本质上避开存在的社会矛盾，无法实现完全的以民为本，即将以民为本的理念建立在维护统治阶级利益的宗旨之上。

（1）有助于深刻理解科学发展观"以人为本"理念

随着"坚持以人为本"这一要求的提出，将人民的利益放到首要地位，成为重要的发展战略。关于"以人为本"的理念，"一带一路"理念和儒家思想均有提出，然而两者具有本质性区别。

儒家的"民本"思想在封建社会阶段得以发展，而当时的社会制度，决定了人民并不能当家作主，不是国家的主人，其根本社会地位极低，处于服从的角色，当时的统治阶级也并非以人民利益为核心，儒家的"民本"思想只是巩固自身利益的重要途径，并非真正意义上的以民为本。而现代社会所提倡的"全心全意为人民服务"，这里"人民"所承担的社会责任与以往不同，对比以前的服从角色，有着更深远的意义，不仅去除了儒家"民本"思想的封建色彩，也创造性地继承了"民本"思想中以人民本位为原则。古代儒家所展示的民本思想，是站在统治阶级的角度看待等级制，缓和各阶层之间存在的矛盾，在压迫者与被压迫者的关系中，寻找通过思想教育而解决两者的对立问题。它的核心在于维护封建制度，"民本"思想无法实现真正的以人民为根本。因此，可以看出，儒家"民本"思想不是真正的以人民利益为主，而是基于统治者的角度，通过"爱民""富民"的外衣为"治民"和"驭民"提供了理论基础和工具。

古代"以民为本"的思想是由知识分子提出，这类人通过参加科举考试，获得相应的官职，从而实现为统治阶级服务，通过推行以民为本的思想，使得统治者认清人民群众的力量。为了能够更好地实现对国家权力的掌控，对人民施加恩惠，由此而不断地发展社会生产力，通过在某种程度上规范统治者的言行，满足人民的心愿来提升统治者的自律性，从而保证统治的长治久安。然而，现代中国的"一带一路"则是从人民的角度出发，在利益关系中没有需要维护的统治阶级利益，而是以全民利益为中心，进行宏观构思和实践。在现在的中国，人民是国家的主人，所以中国的"以人为本"更是在执政党的带领下，维护并且践行这种理念，为了全体人民的利益，保障"一带一路"的建设实施。

中国现代的执政理念是以"为人民服务"为核心的，所有的方针策略既代表了工人阶级利益，也代表了人民大局利益。所以"一带一路"是以中国现代的基本国情为背景，结合批判中国历史上对于"以民为本"所具有的消极意义而产生的，这是对儒家经典思想的整体挖掘和延伸。在社会生产关系中，人民群众可以为自己的生活做主，享有绝对的决定权，而不再是以前封建等级制度下作为贵族或君主获取利益的工具。现在的"以人为本"，在某种程度上推动了儒家"重民""爱民"等思想的扩展，让人民能够为自己的生活积累财富，本着"富民""惠民"的政策推行，提升了物质生活和精神生活。

现代"以人为本"思想是在马克思主义基本理论思想得到传播后发展起来的。马克思主义哲学和政治经济学都对人民的力量给予了肯定，这与儒家的"民本"思想有共同之处。马克思认为人民是历史的创造者，它肯定了人民在社会历史发展中发挥的巨大作用，这也是儒家"民本"思想的主要核心内容。因此，以辩证的眼光看待儒家的"民本"思想，对于现代社会发展的影响，具有一定的理论意义和实践评估价值，有助于深入理解中国现阶段的主导理论思想和作为。

（2）有助于解决民生问题

儒家"民本"的思想，在现代社会具有重要的价值意义，尤其是在民主政治建设阶段，因此，我们要对比儒家"民本"思想的局限性，带着批判和实事求是的客观态度，根据社会现阶段的现实情况，契合国情，既要做出对思想理论的取舍，又要发扬儒家思想中具有进步思想的一面，使其所具有的影响力不断地发展壮大，发挥其所具有的积极价值，从而对中国的发展做出有力贡献。虽然，在中国现阶段的发展受到一定的约束，儒家思想也具有一定的历史局限性，然而，在历史的洪流中，"一带一路"的提出有典可查，有事实依据，带有一定的先进性，领导中国的经济建设和和谐社会建设等各个方面。然而在经济建设的过程中，除了需要进行物质财富的创造，使得人民具有丰富的物质资源外，还需要进行精神文明的建设。而这两方面，都离不开儒家思想的传承和促进。儒家思想提倡以"仁"治天下，和谐是儒家思想的主要风格，然而要实现社会秩序的和谐，就需要实现物质财富的富裕，必须从发展经济方面进行考量，因此，儒家思想中，也涉及了一些经济政策，引入儒家思想的主要目的是要让人民富裕、社会稳定，具体措施有减轻税费，人民休养生息，积累财富，并且强烈地提醒统治者，不要过度压迫人民。

首先，关于富民基于从人民的本质出发。"民以食为天"，提出的就是民生问题，人民作为国家的根本，就需要实现人民的富裕和安定，人民富裕，国家就会安定，如果人民贫穷，那么国家则会处于混乱的状态。只有让人民的物质条件得以满足，人民的生存才能得以保障，这样社会就趋于稳定状态。富民思想是孔子等儒家代表思想家所极力推行的，孔子对兴亡的历史教训进行总结，认识到人民具有巨大的创造力，从而提出了使人民富裕的经济思想。孔子的思想是以仁爱为核心，要求统治者将人民当作自己的子女，在实现爱民的过程中，首先实现人民的富裕，孔子在与子贡的对话中，孔子告诫子贡，施行国家政策，想要让人民对国家有信心，就需要满足人民的基本物质保障，要满足人民的愿望，使人民能够供养父母、妻子和子女，不存在生、养、死、葬的问题。此外，孔子还认为，人民富裕和君主富裕不是对立的，"百姓足，君孰与不足？百姓不足，君孰与足？"

儒家"民本"思想在"富民"方面的具体举措，包括提出要减少赋税的征收，或者给予贫困农民免税，反对统治者向人民转嫁过重的经济负担，剥削人民的财富，拉大贫富差距。孟子曾提出"省刑薄税敛①"，要求封建统治者不要过分压迫人民，要以民为本，富民为民。

以人为本和藏富于民之间具有一定的统一辩证关系。其主要要点在于将国家的财富放在人民的手中，让人民手中有可自由支配的财富，帮助每个人共同实现富裕。中国发展的目的就是在于使人民强大，让人民富裕，而儒家思想的藏富裕民就是我们实现人民富裕的相关举措。人民富裕了，国家的政治经济才会强大，社会才有可能处于全面发展的状态。如果以上要求无法完成，那么任何思想和举措都是纸上谈兵，缺乏实际意义。

要从根本上实现人民的富裕，需要给予人民优厚的物资，满足人民的生活所需，使人民的生活水平实现某种程度的改变。国家则需要根据现实情况，对部分农民减少税收，或者是直接取消某一部分的税收，此外，还需要完善社会保障体系，保障城乡人民福祉，促进人民财富积累，进一步凸显国家大环境的必要

---

① 孟子著，牧语译：《孟子》江西人民出版社，2017 年，第 1—22 页。

性和紧迫性。这是解决当前社会经济问题，实现"民生富强"的好举措。社会主义的首要任务是让人民有机会创造大量社会财富，丰富精神生活，促进社会发展。其中，物质丰富作为社会进步的重要标志，占有重要地位[①]。

党和国家清醒地认识到人民富裕的重要性，立足中国实际情况，带领人民过上富裕生活。一是灵活的税收政策。例如，取消农民税。由于这个层面的城市发展放缓，中国的发展还不够充分，中西部地区还比较滞后。农民处于贫困阶段。儒家这种贵民思想，不但在历史的进程中发挥了积极的作用，还对近代的民主革命也起到了相应的影响作用，成为近代中国和西方民主思想沟通的桥梁，对现阶段民主政治的发展提供了思想借鉴。以民为贵的思想，突破了历史条件的限制，在中国特色社会主义事业建设时期，作为理论基础，成为了社会主义民主建设进程中的重要补充。

儒家"民本"思想，注重以民为本，克己、爱民，尊重人民的思想意志，代表了中国儒家文化已经意识到了人民力量的强大，因此在很早的历史阶段就强调了民本思想地理论依据和重要性。然后，提出了"民贵君轻""民为贵，社稷次之，君为轻""水则载舟，水则覆舟"的论断，并把君与民的关系和船与水的关系进行了类比，把人民喻为水，把船比作君主，水可以托载船，驶船千里，也可以翻滚成浪，直至把船淹没，这个比喻通常用来强调

[①] 李秀英：《先秦儒家民本思想源流述略》，《潍坊学院学报》，2019 年第 4 期，第75—78 页。

民意对于君主的重要，人民能够拥戴辅佐君主，也能推翻君主的统治。做君主的要重视人民地疾苦，倾听人民的心声，造福万民，尊重民情民意，执政为民，才能巩固政权，否则人民就会像大浪淹没船只一样，放弃支持这个不重视民意的人，推翻这个君主，让他失去所有的权势。

其次，勤政爱民也同样重要。荀子建议"欲求安，唯爱民"，提醒统治者爱民，督促统治者平等爱民。选举贤能的人，推举孝顺的人，对于贫困无助的人要进行抚育，对于贫穷的人要给予一定的补助，这样才能实现国家稳定。儒家"民本"思想提倡勤政爱民的思想，将推动人民的意图作为国家的根本，有着重要的意义。孔子曾曰"天地之性人为贵"，而孟子曰"人至上，君朴"。这些独立的学说和政治思想为中国当今意识形态的发展奠定了坚实的基础，有着不可逆转的地位。中国坚持以人民为中心，坚持只有人民拥护才能成就国家的发展，这样的思想是对儒家"民本"思想地传承，强调了人民在历史中的重要性，国家地发展必须广泛汲取和尊重重人民的意见，重民心。

（3）儒家民本思想对中国新时期思想的积极影响

当今社会所构建的民本思想同中国封建社会时期所提出的民本思想，两者存在着显著的区别，儒家的民本思想在于以稳定封建皇权为主导，因而在治理国家的过程中，主要目的是防止人民群众对其统治发生不满，影响统治政权的稳固，才需要实行以人以民为本。而社会主义民主思想将人民作为了国家发展的主体，国家举措其根本是为人民服务，由人民当家作主，让人民进行治理国家，以民主共和取代君主专制，由此可见，两种思想有相通之处，但是从本质上有所不同，因为国家政权代表不同阶层的利益，就会建立不同的体制。古代民本思想是建立在自给自足的小农经济上，因此出现了人治与法治者的差异。特别是儒家"民本"思想是为了统治者的利益，即使它意味着"公共利益"。孔子说：惠足以使人，给的恩惠是以驱使人民作为目的[①]的。所以，虽然儒家民本思想是中国现代民主思想的理论基础，然而这并非真正意义上的民主思想，然而，其所蕴含的民主意识也对当今国家发展也具有一定的创新意义，为新时期的民主思想的萌芽奠定了基础，人民开始意识到自己所具有强大的力量，能够依据自身的力量，推翻暴力专制，为日后人民当家作主奠定了良好的基础。

"一带一路"倡议结合了儒家"民本"思想，大力推进了民主政治建设，发扬民主思想所具有的有利因素，充分保障了人民当家作主的地位，切实推进民主建设，深化政治体制改革，让人民加入国家建设当中来，发挥人人平等的权利，维护公共秩序，参与政治对话，丰富了中国的民主特征，促进人权的多样性以保障人权，保障最高人权，实现人民是国家的当家人这一目标。这促进了社会凝聚力，对现代社会人类价值观方面也产生了积极的影响。

儒家思想的意识形态对国家治理和经济发展有很多想法。虽然中国在建设繁荣社会方面有着悠久的历史。但是仍然需要不断对儒家文化进行挖掘，借鉴儒家"民本"的合理思想。目前，

---

① 李辽宁：《"一带一路"背景下中国价值观国际传播论纲》，《理论与评论》转载，2018 年第 5 期，第 15—24 页。

中国虽然不存在阶级矛盾，然而由于财富分布不均匀，达到富裕的只是一部分人，国家还存在一定程度上的贫富差距，经济利益上也存在一些矛盾。另外，由于中国区域面积较广，各区域间经济发展并不平衡，生产力发展也不均衡，使得区域与区域间，贫富也出现了较大差距。因此，需要基于以上情况，着手解决这些问题，实现共同富裕。中国现阶段解决问题的关键还是在于解决经济矛盾，使经济能够在某种程度上得到良好发展，因为中国社会最关注的问题在于如何尽快实现人民共同富裕，消除贫富差距。除此之外，还需要正视经济发展与社会稳定之间的关系，处理好问题，不能仅仅因为发展经济而损害群众利益，尤其是环境保护问题。这是对于民生很重要的问题，需要置于首位。另外，还有一些对国家发展很关键的问题也需要得到妥善的处理和解决，例如城市失业人口呈上升趋势，农村富余劳动力愈来愈多，就需要通过国家统筹，降低失业率，增加就业机会，拓展人民的发展空间。

此外，还需要对城乡二元结构进行改革，在工业化建设的阶段，其主要方向面在于以下两点，第一，前期阶段，由于儒家思想提倡的重农抑商政策，既让中国成了一个农业大国，又造成了工业基础薄弱的事实，所以，发展工业，首先需要扬长避短，支持以农业为基础的工业发展。第二，在发展层面，由于工业水平逐年提高，有了明显的进步之后，工业发展依然给农业留有发展的余地，解决农村的剩余资源充分利用的问题，使国家整个经济呈现稳定增长的模式。中国现阶段仍是农业大国，发展农村经济仍是主要目标，要增加农产品生产，加快农村经济发展，就要实行低税制，同时还要提供给农民一定的补贴、相应的福利和机遇。除此之外，还需要注重农村的教育，首先要增加农民的知识储备量，让农村学生接受到九年义务教育，并且能够实现更高程度的教育，通过知识的积累发展农村。此外，还需要考虑到农村医疗配套设施和医疗保险建设，让患病的农民能够尽快得到医治，通过以上方式，对农民各方面都加以保障，保证社会和谐进步。

总之，儒家思想虽然起源于爱人民并逐渐发展为爱社会，但它本身带有一定的封建残余思想，与当下的民主思想必然存在一定的历史距离。但是，这些以民为本的思想仍然具有有效的积极价值，其价值正是体现在民主思想上。它赋予了人民可以为自己争取权力和自由，为自己的生活做主的意识，建立了人民对国家的责任感和归属感，如果没有这样的思想，无论经历过多少次的革命，都无法让人民觉察到这些应该存在的认知，也无法形成幸福感，这对于国家而言，是民主义社会产生的重要萌芽，也是实现小康生活的社会必备条件，为"一带一路"倡议以及有中国特色的科学发展观提供了重要的思想基础。

儒家"民本"思想的现实意义

儒家民本思想对于国家的现实意义，不止步于传统文化，而是对于现代社会会发展的启发，尤其对社会主义核心价值体系上有着重大的作用，在中国传统文化当中，儒家"民本"思想是儒家思想的重要组成部分，而在现代社会中，人民群众聚合正是实现社会发展的伟大力量，是中国得以发展壮大的能量来源，只有依赖人民群众，尊重民意，才能实现社会的发展，保证国家的长足前进。这也是儒家民本思想的现实意义。

（1）肯定人民的社会价值

"民本"思想建立在人民是国家得以存在并实现发展主力的基础之上，人民是推动国家历史进程的重要决定性因素。这种民为邦本的政治思想，要求统治阶级要关注民生，从最初时期就为统治者所知晓，作为传统政治文化中的一个方面，在客观上对封建统治阶级起到了一定的约束作用，成为封建统治思想的一个重要组成方面，在历史上起到了积极作用。

人类原始社会形成后，由奴隶制至封建制的转变，是根据生产力的发展而不断推进的。君主专制在中国社会发展过程中有着较为稳固的根基，存在时间长达 2000 年，封建君主制业发展的极其成熟。自夏朝奴隶制开始至清王朝封建制度落幕，君主专制的延续，君主虽然手中掌握绝对权威，但很少出现极端的独裁统治，其中很大一部分因素在于儒家思想的推广，特别是儒家"民本"思想的提出和发展，对封建统治阶级的影响产生着极其重要的作用，影响着封建君主，让其进行自我纠正，能够正确认知人民在社会发展中的地位。由于此种意识形态较为全面和规范，历史上出现了大量有德之君，如汉文帝、魏武帝、李世民、宋太祖。当统治者意识到人民的重要价值时，两者的矛盾就会处于平稳状态，这段时间君主励精图治，就会出现盛世。虽然，在中国历史发展的进程中出现了许多昏聩的统治者，熟知民为邦本的重要性，但却没有意识到人民群众在社会发展过程中所能发挥的力量，在执政的过程中，忽略人民群众的感受，不重视民众，导致社会生产力无法得到相应的发展，人民的物质生活条件无法得到满足，直至人民的基本生活无法得到保障的时候，人民就会采取反抗当朝统治的行为，而这些统治者所具有的统治地位也会受到动摇，直至被推翻。因此，中国历史上不提倡并且做到以民为本的王朝，统治者的掌权时间都比较短。这样旧的政权被推翻之后，新的统治者往往吸取前朝覆灭的经验，这时政治统治又会趋于良性状态，关注人民群众的需求，推行有利于人民发展的政治策略，人民群众的矛盾会得到相应的缓和。社会古代社会各朝各代都是在民本思想的推动下，实现不断前进的。许多优秀的君主和官员均为儒家民本思想的继承者以及发扬者，虽然他们重视以民为本的最终目的是维护封建统治阶级政权的稳定，然而，在现实中他们也实施了许多利于人民发展的策略，切实做到了关注民生，使人民获得了一定的实惠，对阶级矛盾的缓和发挥了一定的积极作用。

（2）维护社会安定

据《汉书·武帝纪赞》记载，由于儒家思想在百家思想中最大化实现统治阶级的利益，故"孝武初立，卓然罢黜百家，表章《六经》……"[1]汉武帝此举代表了儒家思想被封为正统思想，之后受到了历朝历代统治者重视。这种思想在封建统治阶级中烙下了深刻的烙印。许多封建君主、大臣，都是在儒家思想的熏陶下成长起来的，他们在进行统治的过程中，也不断地继承和发展民本思想，随着"民本"思想的逐步渗透，封建统治者意识到人民群众是国家存在的根本力量，因此，为了实现统治地位，关注

---

[1] （东汉）班固撰，王继如主编：《汉书今注》，凤凰出版社，2013年，第87页。

人民群众的需求，缓解与人民之间的利益冲突，调节社会主要矛盾，推行有利于人民发展的政治策略，实现政治上的长治久安。

从中国古代历史上看，虽然儒家"民本"思想可以起到缓解阶级矛盾的作用，但在本质上，封建统治者与人民之间的矛盾是一直存在的。在起始阶段，封建君主以为"君权神授"，把至高无上的权力当做由上天所给予，将人民视为牛马，作为奴役的对象，然而，随着朝代的更迭，封建统治者发现若是过于践踏人民的利益，使之无法得到温饱，人民便会开始反抗。一旦权力被颠覆，所谓的君权神授也会失去意义，不复存在。当封建君主认识到这一问题的严重性后，儒家的"民本"思想的价值也依法体现并得以推广。统治者为了能够更好地实现对国家权力掌控，对人民进行施加恩惠，不断地发展生产力，用"民为邦本，本固邦宁"的儒家"民本"思想在剥削人民与缓和矛盾之间寻求利益最大化。虽然此时的儒家"民本"思想并非现代意义上的民主思想，却依旧具有安定社会的意义。

（3）保障农业经济

以民为本的思想，就是以人民的利益为根本，实现物质富裕。中国封建社会提倡的主要经济载体为发展农业经济，并不重视商业的发展，其他的经济形势均为补充，因此，保障农业经济是最为重要的一环。孟子认为有恒定产业的人，才能有恒定的心理，没有恒产的人则不能拥有恒心，因此而提到了与之相对应的措施，如利用五亩的田地，种上桑树，来保养人民。给予充足的物质保障来巩固统治地位。除此之外，其他儒家学者还提出了"薄赋敛"，也就是减少人民的赋税，让人民能够在手中积聚一定的财富，这样使得在某种程度上矛盾得以缓和。

北宋时期，儒家学派的继承者，程颐、程颢兄弟认为人民能够创造财富，是国家富强的后盾，所以治理国家的关键在于保障人民的生财之道，如让农民进行农业生产活动，通过人民自身财富的积聚来维护统治阶级的势力，稳固统治，具体解决措施例如劝农桑，让人民进行耕种、采桑，通过发展农业经济的形式，保障人民的物质条件，农业经济既能实现某种程度的发展，政治也能够趋于稳定和。让人民自给自足，改善人民的生活条件，农业经济得到了保障，使中国发展成为世界上屈指可数的农业大国，也体现了儒家"民本"思想的重要性。为现在中国"一带一路"倡议的产生提供了背景。

综上所述，儒家"民本"思想对中国的历史发展产生了一定的积极作用，然而，从主观方面分析，儒家的思想从根本上是为了维护巩固统治者的利益，以稳固统治为目的，取得统治者的重用，虽然"重民"，然而这种"重民"，并不是完全平等的，这种"重民"思想是以皇权统治思想为基础的，人民所获得的看重，只是统治阶级在权衡利弊之后对人民做出的某种程度上的让步，其根本问题在于，在封建社会阶段，人民并不是国家的主人，其根本地位处于服从地位，统治阶级也并非以人民利益为核心，只是以巩固自身利益为主要目的。在此条件下产生的良好的官吏，保障了人民利益，为人民做主，但还是没有能力将主权给予人民群众，因此这些都不是真正意义上的人民主权。

所以，儒家学说的民本思想，作为古代社会的根基，是维护统治阶级利益的教化手段，在当时受历史因素限制，并不能完全成就以人民为本，也只能停留在爱民、富民的阶段，统治者完全是把自身的利益作为衡量的尺度，这是无法逾越的鸿沟，限制了人民的权益和国家生产力的发展。所以，中国和谐社会的建设需要以人民为本，就必须实现真正的人民主权。

儒家的传统文化对于社会的组织方式以及结构安排，均应该落实到以民本的思想原则上，在儒家传统观念中，尊重人民需要统治阶级的认可才能够被落实。随着近代西方的民主思想逐步传入中国，西方的民主革命运动及随之而生的民主政治制度使儒家的民本思想在原基础上得到了突破，人权意识逐渐觉醒并得到重视，但最终在当时的社会制度背景下，近代民本主义思想依旧维护了统治者的利益，加强了殖民势力。

虽然古代和近代民本思想没有实现人民的全部利益，但回顾历史，再评价儒家思想的价值时，无法忽略的事实是：儒家民本思想强调了人民对国家的重要性，因此，儒家思想对中国历史发展的作用不容忽视，无可比拟。

现阶段，依法治国是国策，这是维护国家主权的基础，是衡量中国社会主义义特色和品格的重要尺度，是认清社会主义法治建设形势和谐社会所需要实现的基本状态，同样还可以作为社会主义核心价值体系在政治上的表现。儒家的民本思想与当代社会主义民主法制有着紧密关联，明末清初文学家和史学家张岱认为，虽然中国历史上没有留下专门关于民主理论的文献，但是通过儒家的经典著作就可以看得出明确的民本思想，如果将"民本"思想得以升华和运用，就能坚定民主主义道路的意识形态，而且儒家"民本"思想是民主法治的指导思想，通过历史的不断发展，在民本实现民主主义的过程证明了"民本"思想是实现社会主义核心价值值体系的重要部分[1]。

本章小结

综上所述，儒家"民本"思想的基本出发点是将人民的利益和需要放在首位，通过善施教化，维持社会秩序的平衡，为人民的幸福构建和谐平等的大同世界。但由于最初"神本"思想对社会的影响先入为主，导致了君权神授、皇权至上的思想长期存在，而"民本"思想理论需要以人民为中心在社会实践中验证和打磨，从而使当时纯粹的儒学思想无法实现世界观和价值观的提升，无法根本上帮助推动社会的变革。

故而后世认为君权是民本思想建立的基础，约束了"民本"思想对社会有利的一面，可见，古代儒家"民本"思想具有一定的局限性，依靠教化作用无法形成实践的催动力，主流思想学派只能任由皇权择取，得不到全面发展和完善，无法发挥全部作用。

儒家"民本"思想对古代社会具有一定的积极意义，它所倡导的"重民意"思想是对统治阶级专制意识导致社会动荡的批判和抵制，突出了人民所社会发展的重要影响和价值；儒家思想对现代社会的积极意义在于，为推进民主革命提供了实践经验，为社会民主化建设提供了丰富的理论基础，为"一带一路"倡议的民心相通打下了坚实基础。"一带一路"中体现的"民本"

---

[1] 李娜：《"一带一路"蕴含着哪些传统文化智慧》，《人民论坛》，2019年第1期，第134—135页。

思想，强调了个体之间必须平等才能互利的合作关系，演变成为人人可参与并寻求落实的行为，这正是儒家"民本"思想现代价值的体现。

第5章 儒家民本思想在"一带一路"倡议中的对内体现

中国"民本"思想是古代儒家"以民为本"思想的传承和发展，与"一带一路"倡议相互依存促进，既引领了"一带一路"倡议的核心内容和发展宗旨，也通过经济实力和文化实力的综合提升，在"一带一路"建设中扩大了中华民族文化对世界文化的影响力，促进国际合作，推动人类命运共同体的构建，共同实现世界人民繁荣富裕。

一、儒家民本思想在"一带一路"倡议中的传承

习近平总书记提出的"一带一路"思想是习近平新时代的新挑战和新机遇。坚持和推进"以民为本"，是维护人民执政的政治环境，为人民的幸福提供保障。

以民为本的思想具有代表性的观点主要有：民惟邦本、民贵君轻等，把人作为世界的中心，主张用"礼治"和"仁爱"来治理国家，反对君主把天下当成自己的财产，统治者只有安民、富民，国家才能长治久安。简而言之，中国古代民本思想集中体

现于君主以统治阶级的立场对人民的体恤，本意在于引导统治理念，而不是从根本上维护人民的利益；并且只是作为政治理念，而没有在执政实践中很好地得以实现。

在"民本"思想的指引下，"一带一路"倡议在国际经济建设中，维护了人民的利益，赢得了更多的发展机遇。虽然历代思想家、政治家对民本思想的论述不尽相同，但关于民众的定位和作用、爱民重民的思想仍值得借鉴。

当代思想对儒家民本思想理论的借鉴

唯物主义认为，宇宙是物质的，万物之间相互作用，世界是一个完整的有机体，经过不断的整合重组，成为相互联系的整体，并逐渐进步。世界是发展的，也是统一的。中国提出"一带一路"倡议，用发展的眼光看全球化经济发展趋势，随着流动人口和信息传递的频率增加，文化、经济和人际关系等因素紧密结合，相互影响，儒家"民本"思想被当代所借鉴，为"一带一路"倡议的发展，创造了加强了双边关系，发展多边关系的条件。

（1）建立民主意识

儒家思想对当代的重要性体现于"民本"思想实用性强，在现代经济建设和民主建设中发挥了积极的作用。根据中国的实际情况和现代发展的需求，充分吸收儒家"民本"思想，对民主执政的有利。儒家思想的传播，强调了文化认同，为人民创造物质财富，实现了中国现代经济、政治、文化的发展，提升了人民的幸福感，塑造了良好的社会意识形态，促进了社会制度和民主政治的建设。

人类思想不仅作用于历史发展，并为当代实践提供了丰富的参照理论。儒家思想不仅在历史上发挥了重要的政治作用，而且一直是建设民主制度进程的重要组成部分，将中国与西方的民主思想联系起来，与现代社会环境接轨，对现代民主思想产生了积极的影响。在儒家思想中，孔子提倡要爱人如己，重视人民意志。从其相关思想的可行性不难看出，在那个时代就已经认识到了人的力量，也看到了人的作用，他们重视人性，坚持把尊重和接受民意作为治国之本。孔子曰"故人者，天地之心也，五行之端也"，这一观点是儒家学说的基础，表示重视人的作用，着眼于人民所具有的地位和社会角色，体现了尊重个人和国家权力的理念，为中国以人为本的科学发展观奠定了坚实的基础和地位。

当代中国的民主思想与古代传统的儒家"民本"思想虽然主体同样是人民，但本质上有很大的不同。中国现代的民主思想与民主制度一体，让人民拥有土地，废除阶级统治和私有制。而古代"民本"思想从本质上是为了维护封建君主专制。两者意识形态不同，利益受益方不相同，捍卫的主权也不同。中国民主制度捍卫的是人民的主权，只有保证了人民的根本利益和地位才能更好地实现民主思想。

儒家"民贵君轻"的思想，影响了中国社会思想的变革，对于近代民主思想也起到了相应的决定性作用。当时西方民主思想传入中国，中国的有识之士快速吸纳此种思想，并且进行改良，将西方的民主思想与儒家的民主思想相联系，逐步建立起民主制度，打破历史的局限性。儒家"民本"思想作为社会主义民主化建设的理论基础，使"民贵君轻"与社会主义民主政治相一致。

儒家的"民贵"思想，讲究君主要重视人民群众所具有的力量，克制自己，放宽对人民的约束，尊重人民的思想意愿。在儒家经典理论中普遍认为君主需要亲近人民，不能随意压榨人民，人民是家国的根本，使根本牢固国家才能安宁。孟子认为"民为贵，社稷次之，君为轻"。人民是最尊贵的，社稷作为第二位，国君属于末位。孟子还认为：君主把人民当作是手足，那么人民也会把君主珍视为心脏；若君主把人民看作是狗或马，那么人民就会把君主当成普通的人；若君主把人民当成是杂草，那么人民就会把君主当作仇人。荀子提出想要实现国家安定，需要统治者爱护人民，推举贤臣良将，推行孝道，供养孤寡老人，通过采取以上措施，使得国家能够实现长治久安。荀子提出"水则载舟，水则覆舟"的观点，用水和船的辩证统一关系论述民心的重要性。水能让船浮起航行，也能让船翻倒沉湖，也就是说人民能维护当权者，也能打倒当权者。

综上所述，中国古代儒家"民本"思想的核心在于只有得到了人民的力量，君主才能实现政权的稳定。表明了人民对推动历史发展所具有的重要作用，因此君主必须体察民心，以民心所向作为着眼点，尊重人民百姓的意愿，肯定民众在历史上的地位，作出对人民有利的举措。范仲淹也认为"利民"是看重国家的长远利益，君主为人治之始，后世才能获利。

现阶段中国所认可的"民本"思想与封建时期儒家的"民本"思想两者具有本质性的差异，例如"先天下之忧而忧，后天下之乐而乐"的思想，其本质在于巩固封建君主的统治，在治理国家的过程中，为了防止人民发生暴动反抗统治才推行"民惟邦本"这样以民为本的思想。孔子认为在给予人恩惠后才能够遣人，而

"惠民"是以驱使人民作为目的，其本质依旧在于巩固君主的统治地位。

中国现阶段认可的民主思想，是将人民作为国家的主体，其根本是为人民服务，使人民当家作主，让人民进行治理国家，以民主共和的形式实行民主思想，两者所代表的利益群体不同，发展思想依靠的经济基础也有所不同，古代"民本"思想是建立在自给自足的小农经济上，出现了"人治"与"法治"两种学说的差异。法家倡导以法为本治国，而儒家则侧重以人为本治国，认为君民的社会地位不同，为了避免因为人民被忽略而造成国家动荡不安，只要以民众的福利为先，就可以长治久安，这体现了古代的君民关系，是在当时的社会背景下高等阶级给予底层阶级的关系。

虽然儒家"民本"思想是中国古代遗留的传统思想，但这也促成了现代民主思想蓬勃发展。以孙中山为代表的中国近代民主思想，终于在脱离封建专制的背景下，将民主思想理论与旧的制度剥离，并扩展为"人民为本、立国之本"的理念，使民主主义思想在人民的延续中发展起来。现代中国在人治和法治结合的基础上，通过以民为本建设中国文化，推动民主政治发展，重新定义传统的儒家"民本"思想并取其精华，把为人民谋利益放在首位，体现了执政党对人民的重视。历史已经清楚地表明，只有在国家政权的支持下，才能落实于民有利、对国家有益的理念，国家才能稳固。

中国强调民主思想，加强以人民的利益为国家发展的基本原则，充分体现人民主体地位，确保推进民主建设，深化改革开放，让人民参与到国家建设中，行使应有的权利，使社会民主更加规范化、制度化、普及化。丰富民主思想内涵，切实完善社会制度，保证人民各项合法权益权利，保证做到国以民为本，人民当家做主。时至今日，儒家思想的民本价值观点还在被不断纳入民主制度建设的内容中，为"一带一路"建设提供了坚实的理论基础。

（2）以利民为本

西汉的儒家思想家刘安曾说过"治国有常，利民为本"①，儒家思想认为爱人就要尽"仁"，例如君主关爱子民，老师关心弟子，父母爱护子女，这些行为能够促进社会和睦，社稷安定，有利于人民。因此，利民是儒家的"民本"思想根本目的之一。在"一带一路"倡议的指导思想中有很多是对儒家"民本"思想的继承和创新。中国最高领导人习近平总书记提出了"一带一路"倡议，就是希望以民为本的思想能够脱离抽象的概念，被国家落实到行动中，在实践中深入发展，造福于民。中国历史背景曲折，国情复杂，生产力水平基础薄弱，现代化资源发展不均衡，国家管理层无法独立解决这些困境，制定发展规划，只有把权力交还给人民，由人民根据实际情况做出有力的决定，为国家承担责任。只要坚持保障人民的主体地位，就能把人民的利益最大化，因此，"一带一路"的倡议内容，从政治、经济、文化等各方面为了人民的根本利益考虑，并依靠全体人民的共同参与而完成，如在重庆的"南向通道"项目，给中国、越南、新加坡带来了更多对外贸易的机遇。带给了世界人民追求美好生活的希望和享受

---

① （汉）刘安编，马庆洲校注：《淮南子》，凤凰出版社，2020年，第509页。

成果的幸福感。2017年全年中越两国通过这个项目提供的便捷物流服务，使双边贸易额突破了1000亿美元。2018年双方的贸易额逐月平均值均超过了100亿美元。

习近平总书记提到"治国有常，而利民为本"①，治理国家是要让人民得到好处，但"利民"不仅止步于意识层面上，要付诸行动让人民得到实惠才是真正做到了利民。只有把利民落实到社会发展的各个层面，国家政府的管理工作才能够体现价值，这是治理国家不变的常理，既是中国千年文化塑造的治国方略，也是中国现阶段的发展需求。因此，古人可以改变文化习俗，接受胡服骑射而保护人民的生产和生活，如今"一带一路"倡议也可以包容各民族的文明，以仁爱的精神保障人民的安定和谐。

治理国家以人民为根本，这是中国千年文化传统的智慧结晶。如今的国家管理以人民的需求为原则。这是中国传统文化的浓缩体现，对于治国理政有着实际价值和指导意义。为人民谋幸福是中国目前的首要任务，全心全意为人民服务是中国的执政宗旨，使人民追求并拥有美好生活，是新时代的中国社会最重要的目标和特征之一。中国始终坚持为民政策，把造福人民作为最大的政治目标，取之于民，用之于民，促进世界各国人民共同进步。随着新时代的新发展，中国社会发生了新的历史转变。社会发展带来的新挑战，新时期的"民本"思想更需要稳扎稳打，以人民为中心，以利民为根本，满足人民日益增长的

---

① 《人民日报》(2021—1—18)"习近平在省部级主要领导干部学习贯彻党的十八届五中全会精神专题研讨班上的讲话"。

美好生活需求[①]。

（3）实现共同富裕

儒家"民本"思想体现了人民是国家的根本，人民的需求可以决定历史的前进方向。中国历朝历代的统治者从儒家思想的理论阐述中获取了这一观点，虽然民主思想对社会的功能没有得到整体体现，古代人民的权利没有完全得到释放，但儒家以民为本的思想通过中国传统文化的形式流传下来，不断对历史产生影响，提醒了历代政治家和革命家要重视人民的利益。现阶段的中国对应国内外形势，继承儒家"民本"思想，根据生产力的发展的需求以及人民对于美好生活的需求，尊重人民的意愿，以人民的小康生活为目标，制定出可实现的短期奋斗目标和社会长期发展规划。"一带一路"倡议正是结合现实，汲取儒家"民本"思想的精髓，以人民美好生活的实现作为奋斗目标，对国家经济建设和精神文明建设起到了积极的推动作用。

"一带一路"倡议的民本思想体现了儒家最核心的理念——"仁"，即爱民如子、以民为贵，通过爱护人民，尊重人民的行为，维护人民利益，把人民当作国之根本，从而使社会达到长治久安。孔子认为"不患贫而患不均，不患寡而患不安"，是因为在君主统治的时期，人民只能通过统治阶级的给予才能获得生活资料，所以希望通过平均分配减少争端，稳定人心。在已经建立了民主意识的现代社会，为了人民改革劳动分配制度，在初次分配中增

---

① 刘新新：《论儒家思想"合群济众、守望相助"的现实意义》，《产业与科技论坛》，2015 年第 2 期，第 86—87 页。

加了多劳多得的比重，使人民权益得到了法律的保障，加强了法治化建设，维护了人民的权益。随着劳动力成本的上升，按劳分配在人民收入中所占的比重逐渐提高，在劳有所得、多劳多得的前提下，中国现阶段社会发展与人民最紧密结合的主流目标就是实现共同富裕。

中国人口多，地域复杂，资源分布不平均，要努力让人民实现共同富裕，必须依靠人民的原动力，为民造福，努力提高精神文明，为人民全面实现小康生活营造富强民主文明和谐的社会氛围。这不是现阶段的新举措，而是中华民族以人民为中心的文华传承，最好的体现就是"一带一路"倡议的提出，通过对儒家"民本"思想的辩证分析，汲取了对人民发展有利的部分，为人民能够过上更好的生活而提出倡议，并放到国家战略中进行，这才是真正的以民为本，才能够把国家发展的成果造福于民，把国家的命运和人民的命运联系起来，在经济迅速发展的时代实现全面进步。

在儒家思想"民本"的思想里，爱护人民为人民着想，就要给予人民富足的生活，这符合人性中的生存需求和思想意愿，是构建人的基本生存条件的保障。国家要发展经济，提高生产力，复兴民族文化，在经济、政治和软实力上对标世界，仅仅依靠科技和军事实力是不够的，更需要改善民生，要关注、关爱、关心人民，帮助人民排忧解难，将人民基本需求时刻放在最重要的位置，忧民所忧，给民所需，消除贫困、实现共同富裕。这也是有中国特色的社会主义的根本体现。

二战结束后，新的货币秩序产生，许多国家为了获取强权国家的政策庇护付出了代价，然而随着越来越多的国家货币泡沫的出现，全球的贫富差距越来越悬殊，即使是发达国家也无可奈何。据统计，在正常情况下，世界各国的经济基本上都正处于同步缓慢提升的状态，但若遇到不可抗的外界因素干扰，如2000年的互联网泡沫、2008年的金融风暴、突发公共卫生事件的爆发，在各国社会群体中，受损失最多的，经济收入受到巨大影响的，却仍是位于社会底层收入最低的群体——人民。各国的贫富差距与各国的体制和经济结构、分配原则不同有关。在这样的背景下，如何保障人民的生存质量，关系到世界的安定和发展。

据2020年美国联储局的数据：1990年，美国1%的人口占有国家5%的财富，截至2020年3月，增幅为36%，照此趋势，至2030年美国72%的财富将聚集在1%的人手中。

图6　美国历年贫困差距百分比（按每天3.65美元衡量）

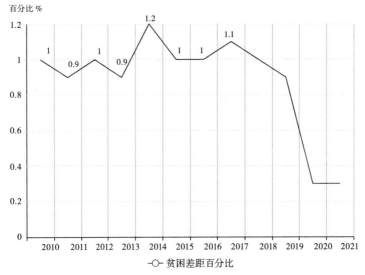

资料来源：根据中数据网数据制表。

在世界贫富差距加剧的时刻，中国"一带一路"倡议的提出，给世界人民带来了合作共赢、共同致富的希望。多年来，在中国"一带一路"倡议的影响下已有一百七十二个国家和国际组织签订了两百多份共建合作文件，为了提高对外贸易合作的效率，为通商提供更方便更自由的机会，中国在三十三个国家内建立了境外经济贸易合作区，使合作国之间的经贸交流更便捷。通过"一带一路"倡议，经济贸易共建的国家可以连成一片建立区域型市场，而且增加了内陆国家的陆海联动运输量，建立了南北联动和海陆联动的机制，扩大了各国的对外贸易空间，增加了贸易自由度，减少了贸易成本，为国家和人民争取了更多的利润。

从这点看来，"一带一路"倡议将儒家"民本"思想中"富民"的仁政理念引用至对外贸易领域中，取代了被地理位置或资源限制的旧的贸易机制，受儒家思想的"民本"理念为指引，与各国开展和平合作、开放包容、互学互鉴、互利共赢的合作，打破了地域限制和强权垄断，打破了以往封闭式的管理，实现经济一体化，使得世界发展更加平衡，形成了区域开放包容的局面，在中国与其他国家之间实现了平等互助、共同发展的关系。"一带一路"建设在自身不断焕发生机的同时，也赋予了全球化新动能、新活力。

中国"一带一路"倡议的提出和建设，表达了中国儒家"仁"者爱人的思想。中国古代哲学认为，任何合作的前提都是包容，这是中国参与全球经济发展的态度和胸怀，是为了各国人民的共同富裕而着想的，在世界各国贫富差距上涨的趋势下，各国的物质资源、人力资源和资金储备的分配不均已经限制了全球经济发展的速度，急需用加强合作促进经济回暖，为增强国家的经济实力和提高国家定位，提供强大的助推力，为实现人类共同体而努力。

（4）依靠人民，服务为民

首先，人类历史的需要依靠人民，人民是历史的创造者，是决策的基石。

儒家以民为本的思想，将尊重人民的迫切需要，作为尊重历史进步的规律，这将人性观念与社会进步的规律统一起来。习近平总书记认为，在新时代国家建设必须依靠人民，人民是民族复兴的重要力量，社会意识形态由人的思想认知决定，人民才是国家发展的源头。只有把握源头与实际相结合，依靠人民，才能用人民的群体智慧创造改善社会现状的改革措施，迎接新时代、新形势、新挑战、新任务。

当前，中国正处于全面建成小康社会的攻坚阶段，面临着严峻的国内外形势，机遇与挑战并存，不仅需要物质基础的支撑，更需要民心的支持。但由于国际的经济交往模式的多重性，贫富差距的扩大导致了高质量的物质被掌握在少部分人手里，影响了社会稳定和谐。习近平总书记作为"一带一路"倡议的提出者，多次强调，进步的源泉在人类。倾听人民呼声，充分发挥人民群众在社会过程中的积极作用，才可以让人民做主，思民之所思、忧民之所忧，才能满足人民需求，切实为人民排忧解难，提高社会满意度。据世界银行数据显示，中国由于人民的劳动力水平提高，在许多低成本、劳动密集型的制造业中具有国际竞争力，中国已成为世界上最大的制造商。

同样，国家的发展和进步也离不开广大人民群众拥护和支持，中国的发展历程证明了人民可以改变历史的巨大力量。人民是社会变革的关键，人民才是实现小康社会、实现中国梦、实现"千年"目标的最终有效手段。习近平强调，要从人民中汲取智慧和力量，多向人民学习，多向人民索取，拜人民为师。把人民放在最高的社会层次，这既是中国以人民为中心思想的重要内容，也是把"一带一路"倡议提出的现实背景。

其次，中国的"一带一路"倡议，是坚持积极全心全意为人民的幸福服务，以儒家思想的和谐发展为开端，以实现人民的共同富裕为目标，打破国界，将全世界人民的需求作为增强经济实力的根本要素，这种为人民服务的世界观，是中国人民的从儒家思想诞生以民为本的理念时就存在的。要想实现全民共同富裕，关键是要坚持把人放在制度上的基础上，把实现全民幸福是建设社会主义现代化国家的重要组成部分，为人民服务对新时代中国特色社会主义的探索和发展具有重大影响。

"为人民服务"是中国开国领袖毛泽东同志提出的，在中国的历任执政领导下，对于"为人民服务"思想的传承是一个长期不间断的过程。最初是毛泽东同志在 1944 年 9 月 8 日张思德士兵追悼会上首次提出的。同年 10 月，邓小平认为人民在中国的作用非常重要，必须始终把公共利益作为党领导一切活动的基本原则。1996 年 3 月 7 日，江泽民同志在八届人大四次会议上提出，建设有中国符号的社会主义的根本目的是全心全意地为人民服务，一切以人民利益为先的工作宗旨就像一条红线，贯穿了国家的每一项制度和政策。第十八届全国人民代表大会提到全心全意为人民服务是组织的最终目标，党和工作的全部斗争都是为了帮助人民，与人民保持紧密联系与沟通，一切以人民的需求为准。习近平同志认为，支持和热爱人民的根本在于以保障社会主义全体民众的利益作为目标和工作重心。在当前经济发展的新形势下，各种社会矛盾不断凸显，人民自主、以民治国才是高效的治国战略，有着重要意义。全心全意为人民服务思想是崇高性的，是纯洁的，是全面和现实的。

"一带一路"建设对儒家民本思想的延续

儒家思想涉及面广，内容丰富，大部分都围绕着治国理政、发展经济的诸多方面。而中国正处于经济发展的初级阶段，这是全面建设新社会形态的历史阶段，是构建和谐社会的需要的，因此，"一带一路"倡议中延续儒家思想以民为本的部分，对国家的建设和民心的稳定，有很大的帮助和意义。

（1）以和为贵

一个国家的发展计划是对经济和社会发展的战略、目标、政策、方案等进行的部署和安排。这些计划通常包括多个方面的内容，旨在推动国家的整体发展和进步。改革开放以来，中国经济发展迅速，有些地方呈现一片繁荣景象。然而，贫富差距很大，城乡、地区收入差距较大，因此，中国的发展目标是需要认清现状、坚持和发展人民的优先事项，使发展成果平等惠及全体人民，这是儒家以民为本的思想，基于现阶段国情的发展，中国针对西部、中部和东北地区以地方经济一体化为目标，推出了一系列发展战略以扩大经济格局。其中就包括了"一带一路"倡议。

在儒家思想重视人民的基础上，"一带一路"倡议坚持以人民为中心，不断加深与沿线各国人民的交流和互动，关心各国人民的需求，求同存异共同进退，为国家赢得和谐发展的机遇，传承了儒家"民本"思想的"和为贵"。

首先，"一带一路"是受到人民拥护的倡议，自提出以来，有越来越多的国家企业用行动积极响应了"一带一路"倡议。中国内地企业积极带头对接共建国家的工程项目进行审核并承包。截至2020年11月，中国企业和61个共建国家新增签署对外承包工程项目合同3478份，共值合同额约5852.8亿元人民币，占同期中国企业的对外承包利润的55.7%。同年12月，中国与巴基斯坦经济走廊合作的最大基建项目PKM高速公路通车，为巴基斯坦人民开创了致富之路。孟加拉国《金融快报》曾提出，"一带一路"项目对于孟加拉国的经济发展非常重要。

其次，在"一带一路"倡议中体现的是儒家思想和谐共处的精神，在项目执行过程中，求大同存小异，不计较个人得失，而在意与各国人民交心的交流。如在2020年新冠疫情全球蔓延的时刻，中国政府派出工作人员和医疗人员，远赴"一带一路"建设的"埃及新首都项目"，为埃及项目的建设提供了大量的人力、财力和物力，并且在保障当地人民收益的同时，把埃及人民的健康安全也放在了首位，为世界文明交流互鉴增添色彩。

"民本"思想的提出从根本上是为了让人民能够安居乐业，中国儒家思想表达了对和谐共处的向往，因此，以和为贵，是一种中国特色，儒家经典《论语》中，孔子的徒弟子贡，向孔子请加执政的要领，追问如果在假设由不得自己选择的情况下，"足食，足兵，民信之"，这三者中必须舍去一项，应先将哪个舍去？孔子回答道"去兵"。这体现了中国的处事之道，相比于用武力和强权解决问题，更讲求一团和气。

而在现阶段，由于中国经济的迅速发展，国际强权国家对中国持以保守意见，国际上对于这种发展趋势，都认为中国会着力给予重击，认为战争即将一触即发。然而，在发展过程中，基于在中国历史上的任何发展阶段之间没有出现过断层，无论哪一个历史时期的终结，无论以何种方式结束，都是以平稳的方式衔接过渡的，虽然"一带一路"的倡议受到国际上很多不同观点的评价，但中国相信任何一个繁荣时代的蝙起，都不可能长久居于掠夺或战争之上，而是必须受到和谐共处的保护才能持续发展下去。这代表了中国的态度：以和为贵。

"一带一路"倡议发扬了儒家以民为本思想，在建设中发扬以和为贵的精神，符合儒家思想的怀柔风格。在这个思想背景下，中国对于合作国报以"促和平，谋发展"的期待，讲究和谐共处，并秉持"和平协作"的态度，与各国在互信互利的基础上，开展与沿线各国的交流与合作，用中华的千年文化为发展背景，搭建了构建"人类命运共同体"的平台。虽然"一带一路"的倡议是由中国提出的，但是它的思想成果是属于世界人民的，是以中国和平共处的方式为了全球人民的共同富裕做出的努力。

（2）民心相通

在"一带一路"共建国家，人民最需要的是便捷的交通设施，以增加商业贸易互通的机遇，降低物流成本，获取多一点的利润。因此，为了造福共建国家的人民，"一带一路"建设项目在马尔代夫修造了第一座跨海大桥，在东非造了第一条高速公路。除此之外，为了实现共同富裕的目标，维持世界和谐的局面，"一带一路"建设对濒临破产的工厂进行收购和改良，不仅保障了人民的就业和收入，并且还在境外的合作园区内投资项目，增加了企业提供给当地人民的大量就业机会。

在"一带一路"倡议提出后，沿线的国家和地区都得到了更多的收益，人民生活也得到了实惠，中国切实用行动落实并发展了儒家以人民为中心的理念，达成了儒家思想促和平、谋发展的愿望。2019 年由于全球新冠疫情爆发，多个建设项目被迫暂缓进行，"一带一路"的反响并不乐观，甚至前景堪忧，但中国在关键时刻，依靠民心，与沿线各国互通有无，共同抵御疫情，建立了共患难的真挚友情，人民民心相通，共同通过了这场世纪大考。在经济复苏的趋势下，逐渐恢复了活力。

不仅如此，许多"一带一路"在疫情爆发前已经开始建设的项目，在各国人民的合作下，取得了成果，并且在各民族需要的关键时刻发挥了作用，为共同抗击疫情、挽救人民生命贡献了力量。如中国铁建国际集团在特立尼达和多巴哥建造的库勒珀立交桥、阿利玛总医院两大项目于 2020 年 6 月疫情正全球蔓延的时刻启用，解决了防疫物资运输和人民治疗的困难。由"一带一路"项目开发的各国间运输通道，分别保障了共建国家人民的生活所需和生命安全，为人民提供了大量急救物资和生活物资。

与此同时，多个共建国家也在关键时刻对中国施以援手，用不同的方式对中国提供了物资和医疗援助，展现了"一带一路"倡议的民心所向和民心相通。而中国也不断向相邻国家输送物质资源和技术援助，累计向一百五十多个国家和国际组织提供二百八十多批紧急抗疫物资，中国民间志愿者组织也纷纷向共建国家捐赠物品提供帮助，由此，中国率先复苏了经济发展，为带头抗击全球疫情做出了贡献。

（3）富民安邦

"一带一路"是"丝绸之路经济带"和"21世纪海上丝绸之路"的简称。这两个称谓，揭示了"一带一路"倡议是对外开放的结果，是现有开放平台对充分聚合，加强双边和多边合作，共享资源和责任。3月28日，中国发布了"一带一路"建设愿景与行动文件——《推动共建丝绸之路经济带和21世纪海上丝绸之路的愿景与行动》，该文件指出，积极利用现有双多边合作机制，推动"一带一路"建设。同时中国将充分发挥国内各地区比较优势，实行更加积极主动的开放战略，加强东中西互动合作，全面提升开放型经济水平。

第一，"一带一路"不是只为中国服务的排他性的小圈子，它是互利共荣的开放性区域合作倡议。中国认为，当今世界，只有开放才有机遇，"一带一路"就是要把中国的机会和世界的机会相互转化。

第二，"一带一路"倡议不是中国地缘政治工具，为了促进共同发展存在的，通过强化国家之间合作，拓展交流的广度，发挥各自优势，形成利益、责任和命运的共同体。

第三，"一带一路"倡议不是中国的对外战略，而是一种正能量的提议，与各国人民共进退，在融合的基础上，通过密切合作，全面发展流通市场。

第四，"一带一路"倡议不替代国家治国方略，对于政策具有导向型。由于"一带一路"沿线地区在资源方面存在显著差异。

只有通过互补才能发展，目前中国是全球第二大经济体，外汇储备第一，在资金、人才、技术等方面占较大优势，在"一带一路"倡议中与其他国家进行产业对接，利于增加共同发展机遇。

第五，"一带一路"倡议不会引发文明冲突，而是搭建人文交流桥梁。"一带一路"倡议是依靠民心相通建立的，需要在各国科、教、文、卫等领域进行广泛而深入的合作，为世界应对发展困难提供智慧和力量。提出全球治理的新路径和新方向，为世界共荣带来中国方案，为可持续发展在全球展开添加新的力量，提供新的平台①。

2013年"一带一路"倡议正式被提出，经过几年的努力实践和发展，促成了多个合作，如中国互联网协会和中欧数字协会签署的"容克计划"②、与俄罗斯对接地"欧亚经济联盟"③等。"一带一路"倡议中的基础建设，通过中国的工程师和施工人员的努力下，与沿线多个国家紧密对接，修路搭桥，提高了人民实现幸福生活的指数。此外，贸易、通信以及进出口等领域也有了比较大规模的合作与发展，2013年至2018年，中国与"一带一路"共建国家进出口总额达到了64.69亿美元，提供了各地区就业岗位共计24.4万个，签约额超5000亿美元。在国外建立82个合作社，并在东道国缴纳20.1亿美元的税费。五年来，金融体系

---

① 刘吉：《以"一带一路"沿线区域文化一体化战略促进经济发展研究》，《中国集体经济》，2018年第6期，第31—32页。

② 沈丁丁：《容克投资计划概述》，《金融发展评论》，2015年第4期，第143—147页。

③ 哈通社（2020—04—14）"努尔苏丹·欧亚经济委员会最高理事会会议发表联合声明"。

发生变化，投资金融平台不断搭建，为"一带一路"建设提供有力支撑。亚投行有 93 个成员，其中 60% 来自各国。

持续和平发展是"一带一路"建设的基础和脉络。中国传统文化下建设"和平之路"的目标体现在外交现实中，是习近平新时代思想的重要组成部分。当今世界，需要和平与发展，和平是世界各国人民对于生存保障的最低层次需求之一，中华民族是一个向往和平的民族，故儒家思想的基本特征之一就是提倡和谐。和文化在中华文明的历史中源远流长。它不仅限于与人之间的和谐相处，而是人与外界万物之间的一种和解，包括了人与自然，时间与空间的和谐状态，是一种较为宽广的全球视野，可以营造出一个有凝聚力的社会。"一带一路"是基于"民族团结"和"和平发展"的国际合作平台。"一带一路"搭建的是使各国人民之间产生共同追求而和平相处的道路，共建国家在所商定的贸易前提下，在不涉及对方国家政治并尊重其社会发展秩序的基础上，开展友好外交和经济合作。世界各国有着共同的和平与发展梦想。在全球经济一体化的支持下，各国的命运由此而联系在一起，并在开放、综合、融合、协调、繁荣的环境中茁壮成长。

"一带一路"倡议的提出，为有愿意合作的其他国家分享了中国发展机遇和心得，帮助世界各国在自主的基础上，通过"一带一路"倡议，快速增强各国的综合国力。这不仅带动了中国人民的积极性，也增强了世界人民的自信心。虽然"一带一路"倡议提出的时间不长，建设缺乏经验，但只要坚定道路信心，持续改进，促进相互理解，使各国人民从熟悉到亲近，互利共赢，就能实现共同富裕。如在文化、体育和衡生领域，中国在"一带一路"的倡议下加强了政府部门对各国妇女、青年和残疾人群体的援助，增进了国际友谊。

二、"一带一路"倡议对儒家民本思想的传播

中国丰富的文化遗产可以追溯到五千多年前，它不仅蕴含了中国国土境内的文化，也与邻近国家的文化习惯相融合，有共通之处。例如在韩国至今仍保留着儒家文化的信仰，重礼教，重视伦理道德，每年农历2月初8的时候，有去文庙参拜孔孟的习俗，由此，韩国也被世界誉为"儒教国家的活化石"。韩国著名的成均馆大学，以儒家思想为宗旨，以仁义礼智为校训，专门有以古代儒学授课方式讲授儒家思想经典著作的学院。因此，在"一带一路"倡议中传播儒家文化的经典，是用了一种更容易被其他国家接受的方式，与沿线各国加深了解促进合作，这是儒家思想中为了人民着想，个体之间和谐相处的一种表达方式。

"一带一路"倡议彰显了中华文化软实力，不仅是儒家文化的传承，在建设过程中，对儒家文化的复兴也起到了重要的作用。以"一带一路"倡议对儒家"民本"思想的传播为中心，重点突出"一带一路"倡议延续了古代"丝绸之路"文明，向世界传播中华民族的文化精髓，把有利于保障人民基本利益的"善作本，诚为先，和为贵，忍为高，让为宽"的大局观，通过"一带一路"文化建设项目的发展传播至世界各国，彰显国家"仁义礼和"的儒雅气度，树立稳重可靠的大国形象，增强国际互信度，提升民族软实力，复兴中华，实现世界民族的共同发展。

在全球一体化的前提下，"一带一路"倡议跟随中国改革开放的历程应运而生，它是中国"丝绸之路"文明的延续，更是中国儒学文化中利民思想的传承，是中国带有复兴民族使命的战略性构想，也是对世界提供区域性国际公共产品的贡献。因此，"一带一路"倡议在经济贸易和文化交流方面均有构想，成为当前中国文化建设的重要组成部分。在文化产业逐渐成为新型产业支柱的时代，中华文化走出国门带有必然性。而文化的根源在于人民的思想，在"一带一路"的传承儒家"民本"思想的前提下，通过"一带一路"倡议的人文交流，使儒家以民为本的思想传播至世界各地，造福世界各国人民，无疑增强了儒家思想对全世界的影响力，使"一带一路"倡议对于全人类的意义更为深远。

　　习近平总书记提出了"一带一路"倡议，秉持"亲、诚、惠、容"的外交理念，这是在新形势下中国坚持走和平发展道路的生动宣言，是对多年来中国周边外交实践的精辟概括，反映了中国新一届中央领导集体外交理念的创新发展。从长远来看，加强与周边国家的合作，展示新战略，将国家战略、周边战略与全球战略相结合，将是一幅宏伟的蓝图。以"一带一路"倡议为载体，传播儒家"民本"思想，是实现"民心相通"的重要途径。家文化是我们最为深厚而独特的资源优势，在精心描绘"一带一路"宏伟蓝图的过程中，要传承中国文化，特别是要弘扬、创新发展以儒家文化为核心的中华优秀传统文化，不断增强中国文化力量，充分展示中国的文化底蕴和政治生命力，体现了中国长久以来的大国气度，增强了国民的文化自信。通过"一带一路"倡议对儒家"民本"思想的传播，使世界各国通过中国"丝绸之路"的历史文化，了解了中国儒家文化中互利共赢、义利统一的理念，提高了合作国对中国的信任和认可度，成为拓展贸易互通和民心相通的重要支点。通过中国与各国之间的文化认同，拉近了各民族之间的距离，为打破霸权主义推动世界和平、用文化繁荣经济、达到全球一体化奠定了基础。

传播途径

早在"一带一路"的源头时期，即"丝绸之路"时期，就以"仁"的思想容纳了来自各地区的文化，在生活、娱乐、学习等各方面，冲击着个人惯性思维，有西域传入中原的，也有海外的使者带到境内的。不论何种艺术形式种类，对于当时的内陆国家，都是一种新鲜文化形式，随着物质交流与思想交流往来频繁，互相碰撞，最终都通过"丝绸之路"得以融合。

在现代中国"五位一体"[①]总体布局的背景下，"一带一路"倡议继续承担起了"丝绸之路"传播中华文化的历史责任，将儒家思想作为文化传播的重要元素，推动了世界对中国儒家思想的了解，为中国文化争取了向外延伸发展的机遇。

在"一带一路"倡议中，不仅有经济项目的合作，而且还有文化交流方面的合作，如中国政府向共建国家提供的政府奖学金、"丝绸之路"专项奖学金，以及各地区之间开展的文化交流活动、研讨会等，为人民的精神文明搭建了促进的平台，加强了政府之间以相互信任为基础的可持续发展。

---

① 2012年11月8日，党的十八大报告首次提出"五位一体"总体布局的战略目标，具体内容是指经济建设、政治建设、文化建设、社会建设和生态文明建设五位一体，全面推进。

2021 年，中国儒家思想著作《论语》，被尼山世界儒学中心和中国孔子基金会共同翻译成了阿拉伯语、蒙古语、西班牙语、捷克语、葡萄牙语、英语、法语、德语、俄语、日语、韩语共 11 种语言，共同完成了"一带一路"国家《论语》译介工程，并以中外文对照本的形式对外宣传了儒家思想的精华，对推动"一带一路"倡议的感染力发挥了重要作用。

（1）文化部"一带一路"文化发展行动计划①

"一带一路"倡议的以共建国家之间的经济和贸易合作项目建设进程为平台，将中国文化作为产品向世界其他国家传播，拓展对外文化贸易，为吸引世界人民的关注提供了新契机。文化部"一带一路"文化发展行动计划的提出，延续了丝绸之路的文化传统，将文明互鉴、民心相通作为行动宗旨，通过"一带一路"文化发展行动计划传播儒家"民本"思想，使"一带一路"倡议能够更贴合民意，全面加强"一带一路"建设中与各国合作关系的长久。

"一带一路"倡议的文化发展行动计划是由国家主导进行的，以开放包容、求同存异、互利互惠作为主要基本原则，在政策支持和市场经济规律的双重影响下，将中国传统文化思想与经贸、外交等方面相结合，形成综合性产品，创新对外开放的途径，统一国家经济发展和文化发展进程，促进人类命运共同体的构建。主要建设内容有：

---

① 文外发〔2016〕40 号（[2016—12—29]"文化部'一带一路'文化发展行动计划（2016—2020 年）的通知"，中国政府网。

表 8　文化部"一带一路"文化发展行动计划重点建设任务（2016-2020）

	重点专栏	任务	代表性项目
1	"一带一路"文化交流合作机制建设	"一带一路"国际交流机制建设计划	"丝绸之路国际剧院联盟"
			丝绸之路国际博物馆联盟"
			丝绸之路国际图书馆联盟
			"丝绸之路国际艺术节联盟
		"一带一路"国内合作机制建设计划	
2	"一带一路"文化交流合作平台建设	"一带一路"共建国家中国文化中心建设计划	
		"一带一路"文化交流合作平台建设计划	"海上丝绸之路国际艺术节"
			"丝绸之路（敦煌）国际文化博览会"
			"厦门国际海洋周
			中国海洋文化节
			中国—东盟博览会
			中国西部国际博览会
3	"一带一路"文化交流品牌建设	"丝绸之路文化之旅"计划	
		"丝绸之路文化使者"计划	
		"一带一路"艺术创作扶持计划	
		"一带一路"文化遗产长廊建设计划	
4	"一带一路"文化产业发展	"丝绸之路文化产业带"建设计划	
		动漫游戏产业"一带一路"国际合作行动计划	
		"一带一路"文博产业繁荣计划	
5	"一带一路"文化贸易合作	"一带一路"文化贸易拓展计划	

资料来源：中国政府网，根据"文化部'一带一路'文化发展行动计划（2016-2020 年）的通知"制表

（2）孔子学院

以儒家思想为核心的中国传统文化越来越被重视，随着中国经济的快速发展，学习汉语和中国文化已成为世界各国的迫切要求。而孔子学院作为在中国境外成立的非营利公益组织，是儒家思想传播的重要非营利性的教育载体，在"一带一路"倡议全面推进后，通过帮助世界人民学习汉语，主要形成了中亚沿线地区的交流平台，发挥了区位优势，将儒家思想和汉语学习结合起来，将儒家思想中有利于促进社会和谐发展的"民本"理论传播给来自世界各国的学生，让世界了解中国传统文化，对世界讲好中国故事，在国际上塑造国家形象，为"一带一路"倡议建立更牢固的国际合作关系，促进各国间文化互通，让中国更好走出去，让越来越多的国家开始全面认识中国，了解到中国政治、经济与文化的发展成果，以中国传统儒家文化中最接地气最贴近人民生活的"民本"思想为亮点，吸引了广泛的关注目光，让更多的人开始了解与知道中国思想，这对于整个世界的繁荣和稳定也大有帮助。

中国也积极通过多种形式向其他国家和地区展示自己，文化输出也是"一带一路"的一项重要内容和使命。近年来世界各地的孔子学院，就是传播中国文化与历史的重要桥梁[①]。其也向整个世界宣传了中国悠久与灿烂的传统文化，让越来越多的人，开始爱上中国悠久与灿烂的文明，提升了儒家思想在世界上不同地

---

① 许琳：《汉语国际推广的形势和任务》，《世界汉语教学》，2007年第2期，第106—110页。

区的影响力，也让中国在世界范围内的地位和影响有了显著提升，更好树立了文化自信与理论自信。

孔子学院在传播儒家思想过程中，不仅能够使中国传统文化走出去，被接纳，而且可以从人民自身角度出发，通过儒家思想对人民的关注特征，加强对人民愿望的了解，增加了世界各国对中国的文化认同，践行民心相通、促进形成世界人民的命运共同体意识。在孔子学院对儒家思想的传播作用下，"一带一路"沿线的主要国家在双边合作上维持了稳定的信任，并表现出可持续发展的合作潜力。

传播的影响力

"一带一路"倡议得到了国家和政府机构的积极作用，建立起比较完善的部门和政治体系，积极和其他国家开展了各种形式、各种领域的交流与协作，促进各个产业、各个环节的沟通发展，提升经济、文化与政治文明水平，打造良好的国际形象。在这一过程中，无论是企业还是产品都紧密地和主题思想结合，尽可能融入了一些儒家元素和理念，提升中国企业的形象和竞争力水平。同时开展的活动，也以中国的法律和制度文化为基础，充分保障了儒家文化的发展和利益，尽可能促进了中国儒家文化走出去，培养更多有关领域的人才，提升文化领域的交流，例如：进一步放开留学生派遣计划，促进与其他国家和地区政府以及高校层面的合作和交流，同时为企业管理者提供了一定的培训，并提出相应要求，进一步扩大文化宣传的力度和广度等。

中国政府在推进儒家"民本"思想传播过程中，积极保证了中国文化的交流范围和程度，努力体现了中国的文化特色和影响

表 9 中亚地区孔子学院规模状况表

国家	孔子学院名称	所在城市	舍建机构	启动时间
哈维克斯坦（5所）	欧亚大学孔子学院	阿斯塔纳	西安外国语大学	2007/12/5
	哈萨克国立民族大学孔子学院	阿拉木图	兰州大学	2009/2/23
	哈萨克阿克托别朱巴诺夫国立大学孔子学院	阿克纠宾	新疆财经大学	2011/3/24
	卡拉干达国立技术大学孔子学院	卡拉干达	新疆石河子大学	2011/11/1
	阿布华汗国际关系与外国语大学孔子学院	阿拉木图	西南大学	2017/4/28
吉尔吉斯斯坦（4所）	吉尔吉斯国立民族大学孔子学院	比什凯克	新疆师范大学	2007/11/6
	比什凯克人文大学孔子学院	比什凯克	新疆大学	2008/6/15
	奥什国立大学孔子学院	奥什	新疆师范大学	2013/1/24
	贾拉拉巴德国立大学孔子学院	贾拉拉巴德	新强大学	2016/12/26
塔吉克斯坦（2所）	塔吉克国立民族大学孔子学院	杜尚别	新疆师范大学	2009/2/26
	冶金学院孔子学院	胡占德	中国石油大学（华东）	2015/8/20
乌兹别克斯坦（2所）	塔什干孔子学院	塔什干	兰州大学	2005/5/7
	撒马尔罕国立外国语学院孔子学院	撒马尔罕	上海外国语大学	2014/11/28
土库曼斯坦（0所）				

资料来源：昌灏，"孔子学院的发展回顾与前瞻"[J]《高教发展与评估》，2015.01。

力，在国内和国外开展的有关儒家文化的宣传和展览活动，为相关的爱好者提供了交流与学习的平台和机会，增强了民间文化的推广和交流，促进并提高了儒学的影响力和地位，提升了文化在国家建设中的地位和作用，展示了儒家文化精髓，为不同年龄结构和社会阶层的普通人创造了交流机会，实现民间理解和互信。在文化交流中，注重公益性和价值可持续性，鼓励具有强大社会影响力的社会资本注入"一带一路"文化长廊建设，以公益活动的形式组织相关文化交流活动，推动更多的人了解带有中国文化特色的"民本"思想，从而为深化双边、多边合作奠定了坚实的舆论基础。

"一带一路"倡议是在开放、互助、合作的基础上，将儒家"民本"思想传播至世界各国，提升了中国儒家思想的国际影响和文化融合，为弘扬中国精神、促进民族和谐做出了贡献。

（1）传承"以民为本"价值观

"一带一路"建设领域涉及较广，由于各民族间存在较大的文化差异，人民的价值观也不尽相同，因此，为了求同存异共发展，为共商、共建、共享提供新的历史机遇，在尊重各国民族文化的基础上，在"一带一路"倡议的背景下，从参与东亚儒家文化圈互动，到增强孔子学院的影响力，直至尼山世界儒学中心建成，传递了中国传统文化对人民价值的论述，向世界表明了"一带一路"倡议对和平发展、合作共赢的合作态度，在国际文化交流过程中发扬了以民为本的价值观。

国家的价值观念是经过历史文化内涵的积累，为了国家的现代发展而提出的，培养了民族的文化和自信。"以民为本"是具有中国文化特色的价值观，弘扬了爱民、爱国、友善、和谐等中国传统的文化价值观念，对于任何民族有很强大的文化价值和经济价值，为物质文明的创造提供了精神文明的健康土壤。

"一带一路"倡议对"以民为本"的价值观进行传播，既强调了倡议着重于人的主体性，是以突出中国对外交流中对人权价值的尊重，表现了一种有中国特色的开放性的处世之道，即把世界人民的利益放在首位，这样做不仅是为了中国自身的发展，更是为了构建人类命运共同体的国际发展趋势而努力。对增强国际认可度、解决地域差异、缓解国际纷争、促进世界和平发展、加速人类文明的融合，做出了贡献。

（2）提高"和文化"软实力

国家的文化实力，对与世界的融合，和全球化发展具有重要意义。中国古代文化以"中庸、内敛、慎独"为风格，并不利于对民族文化的弘扬和国家形象的塑造。而儒家"民本"思想中的"和文化"，是构建和谐社会发展的重要因素，也是以民为本思想的基础和发展方向，体现了中华民族千年文化智慧的结晶，这是一种展现大国气度的高尚的道德品质和礼仪风范。在与各个共建国家存在政治、经济、文化差异的前提下，通过儒家"和文化"的传播，发扬了中华民族的"和为贵"精神，通过丝绸之路的发展历程，表达了中国在"一带一路"倡议背景下对外持有的包容、合作的合作态度，积极推进共同建设，用儒家思想对人民的认可，促进中国文化软实力的作用，提高中国在共建过程中的引领力和凝聚力，带动世界各国共同参与命运共同体的构建和发展。

通过"一带一路"倡议的传播，打造文化产业，通过商业行为传播民族精神，可以更直接地突破国界，让世界人民全面地了解中国特色，以和为贵的处世之道，对促进经济发展机遇、国际间的政治包容和信任，具有很独特的作用。国家的经济发展固然重要，但国家综合实力的体现需要有与经济实力相对等的文化"软实力"为中心，从而进一步推进政治影响力。因此，"一带一路"倡议为了发展经济，必须与合作的国家达到政治、经济等方面的融合，而这些就需要达到文化融合，而文化的融合更需要以人民为中心的"和文化"所起到的推动作用，这是融入全球化发展体系的必要条件。

（3）建立良好国际形象

一个国家的国际形象，直接影响国家的发展前景，它体现的是国际范围对国家政治、经济、文化、社会、外交、军事等方面发展理念的认知，决定了一个国家的国际定位和话语权，也直接关系到相关国际合作项目的实施和进行，有可能对国际局势形成波动和影响。

因此，中国的国际形象，延续了古代"丝绸之路"塑造的文明大国形象，在"一带一路"倡议传播儒家文化的过程中，不断得到加强，用仁和、包容的文化风格，培养大国气质，通过文化交流拉近民心距离，赢得世界各国的理解、信任和尊重，以儒家的平和之道，将人民利益放在首位，化解国际强权国家挑起的争端，彰显不争、不显、不露的中庸之道，以爱好和平、尊重文明的国家形象，在国际经济利益往来和文化交流中，表现体谅和包容的胸怀，增强国际可信度，提升综合国力。

随着中国的经济和政治力量在世界崛起，部分国家提出了

"中国威胁论"①，对中国的外交产生了不良影响。"一带一路"倡议的儒家"民本"思想在国际领域的传播，有效地消除了强权主义对中国展开消极评论的负面影响，增进了各个国家对中国文化理念的执政观的了解，感染了各民族人民对以民为本思想的接纳。在建立经济强国和文化强国的同时，以良好的国际形象融入世界共同发展的进程，与国际合作伙伴共存共荣，为世界经济复苏创造更多发展机遇。

（4）促进海峡两岸融合

两岸关系从 20 世纪 80 年代逐步得到改善，不断尝试为了经济合作而努力，但未解决的历史遗留问题制约了发展，因此，儒家思想中从人民的利益出发的思想突破了局限，使东亚地区的教育和旅游交流取得更多的进展，带动了经济合作，两岸地区目前放宽了对大陆地区的旅游和投资不断增长，促进了两岸居民在生活和经济上的互通。据统计，台湾企业在中国大陆投资约 600 亿美元（400 亿英镑），而且目前居住在大陆的台湾人多达 100 万，其中很多都在经营台湾工厂。两岸人民无法分割的贸易来往也体现了海峡两岸经济发展的关联性，在通商过程中，有限的政治接触也为两岸资本互通提供了条件，维持了台湾人民的安居乐业。

"一带一路"倡议的通过基础设施建设和文化传播，发挥了地缘优势，为海峡两岸实现文化经济的互通提供了便利，以人民致富为中心实现了两岸经济的共同发展，有效促进了民主主义

① 人民网（2010—02—05）"英智库炒作中印军费大幅增加，渲染中国威胁论"。

制度建设，强化了与民间的联结，更有效地关照到不同社会位置与阶层的民众。截至 2021 年 10 月，台湾地区与大陆的贸易顺差额为 1394 亿美元，对中国大陆的出口额为 2028.4 亿美元，2019 年，该地区对大陆的出口额为 1131 亿美元，中国大陆仍是该地区最大贸易出口国。台企、台商认为中国内陆市场的商机会持续增长，吸引着他们纷纷投入到两岸的经济贸易活动。2021 年 10 月前台湾地区从中国大陆的进口额为 634.4 亿美元。

1972 年的《中美上海公报》声称："The U.S. side declared: The United States ac‑ knowledges that all Chinese on either side of the Taiwan Strait maintain there is but one China and that Taiwan is a part of China."[1]虽然两岸历史遗留问题尚未解决，但两岸通商一直处于活跃状态。由于内政原因，"一带一路"倡议中没有明确在该地区开展项目，在地缘经济发展的需求下，两岸的人民向往更美好的生活，尝试在两岸之间求同存异，1979 年《告台湾同胞书》中提及的"三通"概念：通邮、通航、通商，实现了两岸的经济互通和文化互鉴。实现两岸人民的共同利益，着重在全球经济体合作的趋势下寻找新机遇和上升空间，顺应地缘优势下人民合作融合的趋势，将民族文化和国家资源用于发展经济和改善民生。为了进一步验证两岸通商的结果，此处用相关性分析研究台湾地区进出口额对收入的影响。经过对 GNI 和进出口数据相关性分析验证，得出 99% 的置信水平下都显示为正相关，国民

---

① 1972 年《中美联合公报》，中国政府网。

所得毛金额和出口额之间的显着性 p 值小于 0.01，同时相关系数大于 0，二者在 99% 的置信水平下呈现着的正相关，说明出口额的增加会使当地居民所得毛额增多。证明当地居民的收入总值总体来源于进出口贸易市场，台湾地区作为中国大陆地区的贸易伙伴和进口来源地，在"一带一路"倡议的基础上加强与内陆地区的经贸合作，使台湾居民的收入得以提高。由此可见，"一带一路"倡议是为了满足人民的最根本的需求和利益而提出的，在"一带一路"倡议的背景下，多个地区经贸合作得到了发展，不仅促进了经济的共同繁荣，也加深了文化与社会的交流，使得两岸人民的福祉得以提升，共同分享发展成果。儒家思想强调"有容乃大"，包容性是社会和谐与进步的基石，它不仅为地区经济带来了增长的新机遇，也为和平发展注入了新的活力。

台湾的儒家文化是明朝时期由内陆传承的，至今，台湾的教育、农业、宗教、经济等社会的各方面都受到了儒学的影响，为了给海峡两岸的人民创造和谐的生存环境，中国大陆对台湾地区坚持了"求同存异"，通过"一带一路"倡议对儒家民本思想的传播，从经济、文化方面使两岸人民建立了友好关系，用"一带一路"的互联互通网络给予台湾地区的人民物质支持。面对民族内部矛盾的问题，唯一的解决方式就是维护人民利益为先，和平解决问题，由人民主宰国家的命运才是真正的民主，人民利益是民族复兴的根本，民族信仰是人民的保障。据不完全统计，在大陆惠台政策下，台胞为了通过内地获取社保等福利的政策定居的，参加国家专业技术人员资格考试的人数自 2018 年起至今持续增长，至今已有1351人参加各地专业资格考试，中国为台湾地区同胞的工作、生活的便利，先后出台了31条、26条措施，并在疫情爆发后向台湾地区表达了愿意无偿提供抗疫疫苗的援助意愿。截至2021年9月，中国内陆地区已有16.1万余名台胞在大陆接种疫苗约30余万次，其中部分为婴幼儿，中国用行动践行了两岸人民的利益一体化。

本章小结

表10　台湾地区国民收入与进出口贸易相关性分析

相关性				
		国民所得毛额GNI（新台币百万元）	出口NTD	进口NTD
国民所得毛额GNI（新台币百万元）	皮尔逊相关性	1	.790**	.888**
	Sig.（双尾）		0.000	0.000
	个案数	35	35	35
出口NTD	皮尔逊相关性	.790**	1	.898**
	Sig.（双尾）	0.000		0.000
	个案数	35	35	35
进口NTD	皮尔逊相关性	.888**	.898**	1
	Sig.（双尾）	0.000	0.000	
	个案数	35	35	35
**.在0.01级别（双尾），相关性显著。				

资料来源：中华人民共和国商务部进出口和国民收入数值验证。

从本章内容可以得出结论，儒家思想对于中国现在发展阶段的价值具有可塑性，依据国内现状和人民的需求，将"一带一路"倡议以民为本的精神落实到人民的生活中，是中国对世界公开维护人权和解放精神文明的标志，也代表了"一带一路"倡议不仅维护了人民的利益，并且用中国"一带一路"建设的实际行动在世界范围内践行以民为本的理念，传承儒家文化，在促进对外贸易合作的同时，传播天下大同的价值观，鼓励发展中国家的建设，拉动区域经济增长，突破儒家的"民本"思想的旧枷锁，对接世界文明，助推社会可持续性发展，从精神上和物质上支持世界一体共荣。

"一带一路"倡议所弘扬的儒家文化，是传播"民本"思想的重要载体，促进了中华民族文明的全球影响力。在传播以民为本价值观的同时，"一带一路"倡议的建设项目也成了世界文化交流的平台，更赢得了世界各民族之间共同合作、互信互利的机遇。人类文明的传承一直以来都是世界各国的关注热点，儒家思想作为东亚文明的代表，被"一带一路"吸纳精华，将儒家"民本"思想融入了国家意识形态的建设，有力提升了国家软实力，为尽快适应全球发展趋势提供了精神基础和物质条件。所以，"一带一路"倡议是儒家"民本"思想走向世界的现代化途径，有效构建了文化强国战略，对实现民族复兴有着重要的意义。

第6章　儒家民本思想在"一带一路"倡议中的对外体现

在"一带一路"倡议中，儒家的"民本"理念得到了体现，这一理念对倡议的发展及其在传播民族文化方面所发挥的理论作用和实践指导意义不容忽视。从全球视角审视，儒家"民本"思想在"一带一路"倡议中的融入，本质上展现了人文主义对国家政策制定的影响。它倡导在国际舞台上，国家的战略决策应以民众福祉为核心，致力于构建人类命运共同体。倡议旨在全球范围内汇聚各方力量，共同应对挑战，为实现共同的福祉而结成合作伙伴关系。这反映了"民本"思想在"一带一路"倡议中的核心价值和最终目标。

一、以人民为中心

以人民为中心的发展思想来源

历史经验不断验证，国家发展的战略规划中，人民是不可替代的核心要素。在处理社会生产与人民物质文化需求之间的矛盾，以及人民美好生活的需要与发展不平衡不均衡之间的矛盾时，将人民置于核心地位是确保国家长治久安和社会和谐稳定的基石。在处理社会生产与人民物质文化需求之间的矛盾时，政府制定科学的经济政策，通过调整产业结构、优化资源配置、促进科技创新等手段，提高社会生产力水平，以满足人民日益增长的物质文化需求。针对人民美好生活的需要与发展不平衡不均衡之间的矛盾，政府加强社会建设，完善公共服务体系，推进教育、医疗、社保等领域的均衡发展，确保每个人都能享受到公平的发展机会和优质的公共服务。通过宏观调控调整财政政策、货币政策等手段，调节经济运行，缩小区域差距，寻求共识缓解社会矛盾，实现经济的协调发展和社会的共同富裕。因此，以人民为中心的发展理念，是社会进步的必然趋势。

（1）"民本"：民惟邦本中的"民"与"本"的含义

"民本"理念，这一深植于儒家思想沃土的概念，其根源可追溯至古代圣贤的智慧——"民惟邦本"，意指人民是国家的根本。随着历史的演进，这一思想逐渐被提炼并成为儒家治国安邦的基石，其核心策略被后世简称为"民本"理念。它不仅是一套理论框架，更是一系列实践原则，贯穿于国家治理的各个层面，包括但不限于国家战略的制定、执政理念的塑造、民生问题的解决以及国土安全的维护。

在这一理念的指导下，国家的领导者和决策者被鼓励将人民的利益置于首位，确保政策的制定和执行能够反映并满足民众的基本需求和期望。这种以人民为中心的治理方式，强调了民众的福祉与国家的繁荣昌盛是相辅相成的。因此，深刻理解"民本"理念的基本内涵，不仅有助于政策制定者更好地服务人民，也对于推动"民本"思想的贯彻执行和持续发展具有不可估量的价值。

"民惟邦本"中的"民"特指人民，即从抽象的人的概念中，依据其在社会中的职能和角色所划分的群体，通常指那些不担任执政职务的人。因此，"民"的定义是根据其社会职能和地位来确定的。

在阶级社会的语境下，历史记载中的"民"一词，特指"庶民"或"贱民"，其定义是相对于那些拥有政治地位的群体而言的。这一分类并不以个人在社会中的财富或贡献大小为依据。即便个人家境富裕，若无官职或功名，仍被称作"民"。社会不平等的现象，是神权对人权的赋予所造成。天赋人权的地位因人类的本能需求而被提升，并持续受到民众的追捧。该定义并非源自人民的自主决策，而是依据当时社会发展的特定阶段来确定的。

在社会功能层面，由于最初获取生活资源的手段主要集中于耕种与畜牧，因此"民"所承载的社会功能与发展农业等生产活动紧密相关。于历史典籍之中，儒家"富民"理念所蕴含的"无夺民时"，以及《清会典》将农民户籍以"民籍"标识，均将"民"与"农"的概念予以统一，即民即农，农即民。此外，在其它文献中亦可见将其他行业从业者统称为"民"的例证，诸如穀梁俶所著《春秋谷梁传》，此等表述进一步凸显了"民"这一群体缺乏明确的社会地位与特定归属，但其特征鲜明，即缺乏社会权势，依靠劳动获取生产资料，并承担着供养权贵阶层的主体责任。

因此，历史上"民"一词主要指代的是非皇室成员及贵族之外的广大民众，且该群体具备以下特质：

首先，"民"这一概念并非指代社会中的单一个体，而是代表社会大部分人群的整体性范畴，具有鲜明的统一性特征。这一统一性源自"民"作为整体在劳动生产及物资分配中的特殊地位与性质。具体而言，"民"需要通过集体劳动生产国家所需的物资，而这些物资的生产成果并非由个体独自享有，而是需要参与共同分配。这种劳动成果的共享性，使得"民"在物质层面上形成了不可分割的整体。同时，由于"民"处于掌控政权以外的地位，其共同特征如共同的劳动、共同的分配方式等，进一步强化了其作为一个整体的统一性。因此，基于上述的劳动与分配方式，以及共同的地位与特征，"民"这一概念得以确立，成为一个不可分割、具备统一性的整体范畴。

其次，从更宏观的角度来看，"民"是由众多个体构成的集合体。由于个体间需求的差异性，社会中形成了多样化的矛盾和冲突。在这种情况下，每个拥有共同利益的群体往往将其他群体视为潜在的对手，并因此团结起来进行竞争。而值得注意的是，这些群体间的关系并非一成不变。随着社会的演进和个体需求的变化，他们可能会发现，曾经的竞争对手在某些方面与自己有着共同的利益，从而转变为合作伙伴。

再者，这种群体间关系的转变不仅发生在同一国家的不同群体之间，甚至跨越国界，不同国家的人民也可能因为共同的目标和利益而形成一个超越国界的共同体。这种跨国界的合作与联合，在当今全球化的背景下尤为显著。它不仅揭示了人类社会互动模式的复杂性，也展示了在共同利益面前，人们如何超越分歧，寻求合作与和谐。通过这样的互动与合作，人类社会得以不断进步与发展。

"民惟邦本"之"本"从字面含义上，表达的是主体与本源之意。"民惟邦本"这一古语，深刻揭示了人民乃国家之基石的真理。然而，在中国的历史长河中，由于君民关系的长期不平等，"民惟邦本"这一理念在实践中曾一度偏离其本真，被用作民惟君本的掩饰手段，过分强调了"民本"的形式，却未能充分重视其内涵的深远意义。

在儒家的思想体系中，"民贵君轻"是对"民惟邦本"理念的具体阐释与实践。然而，儒家思想内部亦存在"君本民末"与"民本君末"的两种不同观点，这两种观点之间的矛盾并未得到及时有效地解决。在实践中，儒家往往通过君主或民众其中一方的妥协与让步，试图将"君本"与"民本"的思想加以融合，以实现双方利益的平衡。然而，这种妥协与融合并未从根本上解决"民惟邦本"理念中的矛盾，导致其在实践中难以充分发挥其应有的积极作用。

深入探究"本"字的字面含义，我们不难发现，其最根本的意义在于象征根茎，代表事物发展的起点与基础。这一含义深刻体现了"本"字的重要价值，它是命脉所在，具有主导地位，是生长的根源与支撑。因此，"民惟邦本"中的"本"字，不仅强调了人民在国家中的基础地位，更暗示了在本质上，人民对国家发展的最终结果具有决定性的影响。这一理念要求我们在实践中，必须始终坚持以人民为中心的发展思想，充分尊重人民的主体地位，才能确保国家的长治久安与持续发展。

（2）"人学"思想：人是一切社会组织的本质

人与自然之间，是由人的需求和自然的变化共同驱动并实现了互动关系。同时，人与社会之间，则是人通过政治、经济、文化、生产等活动的持续完善，逐步形成了可被人普遍接受并适应的制度体系，进而构建了具有组织性和等级性的社会意识形态。社会在人的自然交往中不断发展，它基于人的内在需求和事物的客观存在而演进，因此，人的发展自然而然地成为了社会发展的核心目标。人与人之间、人与自然之间、人与社会之间的关系，构成了实现人自身价值的多元化途径。历史则作为验证人类实现发展进程的实践经历，见证了人在不断追求自我价值的过程中，逐渐形成了丰富多彩的社会。

人性作为社会发展的根本要素，其内在需求驱动着一切社会组织的活动，具有不可忽视的客观性。我们不能否认人的属性对社会属性的深远影响，而社会发展的核心目标正是为了促进人的全面发展。如果社会的发展未能与人的发展保持同步，无法满足人们除了经济增长带来的物质财富需求外，还有通过文化活动满足的精神财富需求，那么社会的全面发展将无法实现。因为人的发展与社会的发展是紧密相连、相互影响的，二者互为条件，不可分割。

人民的本质属性是人，他们具有人的基本属性，同时人又具有社会属性。因此，当我们把人民作为社会发展的中心时，就必须将人置于整体社会关系中进行全面考察，才能从本质上理解人在社会活动中产生的认知、行为，以及人与人之间的共性和差异。社会是由人组织起来的共同体，人是一切社会组织的基石。

具有独立行为能力的人，是在人与人在社会中不断交往和互动的过程中，逐渐形成了各种复杂的社会关系，从而构建了社会的骨架。因此，社会既是普遍性的体现，又是矛盾性的统一体。

人民作为社会中最普遍的社会角色，他们身处社会基层，能够最直接地感知社会的发展需求和变化。因此，从人的角度出发，将人民置于社会关系中进行深入研究，对于我们理解社会组织的本质、把握社会发展的规律、顺应未来发展趋势具有重要的参考价值。这样的研究有助于我们更好地为人民服务，推动社会的全面进步与发展。

（3）人本心理学：重视人的价值

在人文科学的范畴内，心理学是一门致力于深入研究人类行为与认知规律的学科。该学科不仅致力于宣扬人性、价值观、人权以及人道主义理念，还运用抽象思维对哲学领域进行深入的分析与探讨。R.L.阿特金森在其著作《心理学与人性》中明确指出，心理学是进行人性科学探索的重要学科，它通过系统的研究，揭示了人类行为背后的深层次动因。

在心理学的众多流派中，"人本主义心理学"以其独特的视角脱颖而出。其研究核心集中在人的反映与主观能动性上，坚决反对将人类与其他动物等同看待的早期西方心理学理论。该学派认为，人类的行为和认知并非仅仅是对外界刺激的反应，而是受到内在动机和主观能动性的深刻影响。为此，它摒弃了仅通过对外在刺激产生的行为反应来解读人类心理过程的方法，并对精神分析学将病人与正常人的心理状态混为一谈的研究方法提出了质疑。例如，精神分析学派倾向于将个体的异常心理状态归因于童年的创伤经历。该学派认为，这些早期的负面体验在潜意识中留下了深刻的印记，导致成年后可能出现各种心理障碍。相对而言，人本主义心理学强调个体的主观能动性和自我实现的能力。尽管该学派承认过去经历对个体的影响，但同时认为每个人均具备通过自我反思和积极行动来改变自身心理状态的潜力。人本主义心理学倡导个体应承担起自我成长的责任，并通过自我探索和自我表达来实现个人潜能，进而达到更健康的心理状态。这两种理论为理解人类心理提供了不同的视角，并指导着不同的心理治疗方法。

人本主义心理学强调潜意识在人的全部心理活动中的重要作用，但并未将心理活动简单归结为生物学因素对人的影响。它认为，人的心理活动是一个复杂的系统，涉及到意识、潜意识、情感、认知等多个层面。这些层面相互作用、相互影响，共同构成了人的心理世界。

为了更深入地揭示人的行为形成的内在过程，人本主义心理学提出了动机理论。在这一理论框架下，马斯洛的需要层次理论尤为突出。马斯洛从人的动机出发，通过需要层次理论诠释了人的主观能动性和自我实现的过程。他认为，人的需求从低到高可以分为生理需求、安全需求、社交需求、尊重需求和自我实现需求五个层次。这些需求构成了人们行动的动力源泉，推动了人们不断追求更高的生活质量和自我价值。马斯洛的这一理论也因此成为了心理学史上备受瞩目的四大动机理论之一。他细致梳理了人的各类需求，并指出人与动物在需求方面存在本质区别。在本能驱使的基础上，人的需求成为调动主观能动性的内在动力，是人性本质的体现。这些需求为健康人格的发展提供了方向，也为人们追求理想境界提供了参照体系。

举例来说，当一个人的基本生理需求得到满足后，他就会开始追求安全需求，如稳定的工作、安全的住所等。当这些需求得到满足后，他又会开始追求社交需求，如友谊、爱情等。随着需求的不断提升，他会逐渐追求尊重需求和自我实现需求，如获得他人的认可、实现自我价值等。这些需求层次的递进过程，正是人们不断追求成长和进步的过程。

人本主义学派的研究不仅延续了西方心理学以人为本的价值取向，还在人文主义之后，进一步将人视为珍贵的社会资源进行深入的探索和研究。它认为，人不仅仅是生物学的存在，更是社会文化的创造者和传承者。因此，人本主义心理学的研究不仅关注个体的心理发展，还关注社会文化对个体心理的影响。这一学派以其独特的视角和深入的研究，为我们揭示了人类行为和认知的内在规律，充分体现了以人为本的理论价值，不仅丰富了心理学的理论体系，也为我们更全面地理解人性、促进人的全面发展提供了有力的支持。

以人民为中心的内涵

以人民为中心的治理模式，是一种社会各阶层共同参与的行为，其核心在于确保人民在国家中的主权地位，以及赋予人民对国家事务的决策权和对国家发展成果的共享权。该模式强调，国家治理和决策过程应以人民利益为根本，确保人民在国家事务中拥有决定性的话语权。

以人民为中心的内涵在于国家的政策制定和执行均须以提升

人民福祉为最高目标。国家事务的决策权和成果共享权的赋予，确保了人民在国家中的主权地位得到实质性的体现，同时也强调了民主参与的重要性，通过广泛的民主参与，促进社会公正和公平，确保国家政策和法律真正反映人民的意愿和利益。人民不仅在法律上拥有主权，而且在实践中也能够行使这一权力，共同推动国家的发展和进步。

（1）人民的主权

人民的主权地位是衡量国家民主程度的关键指标，它直接反映了人民可支配资源的规模以及行使权力的力度。这一地位虽然不由社会制度直接决定，但无疑受到制度框架的深刻影响。在中国社会发展的独特历程中，人民主权因中国特有的发展道路而展现出丰富的内涵和鲜明的特色。

2014年，中国最高领导人习近平总书记在纪念人民代表大会成立60周年时发表重要讲话，他明确指出，中国的民主是中国特色社会主义政治制度的重要组成部分，具有划时代的意义。在今年10月的人大工作会议上，他再次强调，民主作为中国全新的政治制度，标志着中国以人民为中心的发展理念进入到了全新的实践阶段，展现出更高的战略格局。

第一，发展必须紧紧依靠人民。新时期的"民本"思想为中国指明了国家未来发展的主要方向。随着现代生产力的普遍提升，中国的主要社会矛盾已发生深刻变化，由生产力落后无法满足人民物质文化需求，转变为发展不平衡不充分，无法满足人民对美好生活的日益增长需求。因此，我们需要更加关注人民的需求，巩固人民在国家发展中的中心地位。例如，在教育领域，国家推行九年义务教育制度，确保每个孩子都能接受基础教育，这体现了以人民为中心的发展理念，满足了人民对教育的需求。

社会发展的根本目的是促进人的全面发展，国家发展的根本目标也是为了人民的发展。人民作为国家建设的主力军，其地位和作用不容忽视。因此，我们必须将民主理念提升至国家战略制度的高度，作为国家的发展方针和路线，确保人民在社会中的主导地位得到充分发挥。同时，我们要将国家的建设路线始终保持在以人民为中心的基础上，全过程发展人民民主思想。正如所言，"人民是国家的主人，民心是最大的政治。"[①]以人民为中心不是国家政治的装饰，而是切实解决人民实际需求的行动指南，是决定国家命运的关键所在。

第二，人民是国家强盛的坚实基石。人民是国家建设的直接参与者，是国家发展的核心力量。从物质层面来看，人民通过辛勤劳动参与生产，创造了丰富的物质财富，推动了生产力的发展。例如，中国的农业现代化进程，就是广大农民通过辛勤劳动，实现了农业生产的高效和丰收，为国家经济发展提供了坚实的物质基础。从精神层面来看，人民在享受物质财富的同时，也激发了对精神文明的追求，积极参与文化、科学、艺术等方面的创作，满足了精神世界的需求，推动了社会发展观的进步和变革。

中国的发展历程充分证明，只有紧紧依靠人民的力量，才能赢得政治、经济、文化等各方面的胜利。因此，我们必须高度重

---

① 新华社（2021—07—01）"习近平. 在庆祝中国共产党成立100周年大会上的讲话"。

视人民的主体地位，以人民的意愿和利益为出发点和落脚点，制定和实施各项政策措施。同时，我们要保护人民的生产力和创造力，通过关注人民的需求调动人民的主观能动性，确保人民享有分配生产资料和劳动成果的权利。只有这样，我们才能充分利用人民的智慧解决建设和发展的实际问题，实现国家的健康发展和经济的良性循环，在"富民"的基础上不断提升综合国力。

当前，在"一带一路"倡议的发展阶段，坚持以人民为中心的关键在于让全体人民迈入小康社会。这一倡议充分体现了全体人民的利益诉求和发展愿望，在政治、经济、文化、民生等方面都以人民的需求为中心进行发展。通过消除贫困区域、提高人民的生活质量和幸福指数等措施，让全体人民共享发展成果，实现共同富裕和全面小康。这一战略不仅有利于中国自身的发展，也将为世界各国带来福祉和机遇。

（2）人民决策权

人民拥有对国家事务的决策权，这一权利的根基在于人民的主体地位，它确立了人民在国家中的主导地位。权利与义务是相互依存、不可分割的，且对于国家而言，这种关系长期存在。人民在享有权利的同时，也积极参与国家建设，这充分体现了权利与义务的统一性。例如，在我国，人民代表大会制度就是人民行使国家权力的重要途径，人大代表由人民选举产生，代表人民的利益和意志，参与国家事务的决策和管理。只有切实履行了义务，如遵守法律、积极工作、为社会做出贡献等，人民才能真正享受到应有的权利，如教育、医疗、养老等社会保障。

因此，全体人民参与国家建设的每个环节，共同商议、共同建设、共同分享成果，这不仅是历史的必然发展趋势，也是国家繁荣稳定的基石。而人类的命运紧密相连，形成了命运共同体。在这个共同体中，各国共同承担建设义务，共享发展成果，这是现代人类命运的发展走向。

恩格斯深刻指出，私有制的废除源于人人参与社会生存，并最终获取剩余价值的过程。用邓小平同志的话来说，这就是共同繁荣的本质[1]。在中国，改革开放以来的经济发展和社会进步，就是全体人民共同努力、共同创造的结果。人民通过辛勤劳动和不懈奋斗，不仅提高了自己的生活水平，也为国家的发展做出了巨大贡献。

传统儒家思想中的"惠民利民、安民富民"理念，强调了从人民中来、到人民中去的原则。一切战略方针都应以人民为中心，并在人民中开展实施。通过君与民的对比，儒家思想认可了民重于君的地位，强调人民对国家社稷具有决定性作用。例如，在古代中国，许多明智的君主都深知"水能载舟，亦能覆舟"的道理，因此他们重视民生、关注民情、顺应民意，从而赢得了人民的信任和支持。

需要让人民参与到国家建设中来，把国家的政治方向交给人民掌握，从政治方向到文化生活等各个方面都融入人民，从而取信于民、依靠人民，将决策权真正交付于民。这正是中国将人民作为中心的表现。例如，在近年来的环保政策制定中，中国

---

[1] 人民网—中国共产党新闻网—王巍（2014—09—22—08：31）"影响深远的南方谈话"。

政府广泛听取了人民群众的意见和建议，充分考虑了人民的利益和需求，从而制定出更加符合实际情况、更加有效的环保政策。

中国坚持以人民为中心的路线，不仅是一国之策，更是对世界人民主体地位的深刻认可。中国现阶段所提出的中国特色发展路线，不仅关乎一个民族的事业，更是关系世界各民族复兴的基础。中国将民主思想纳入了执政纲领中，并在国家经济发展中充分体现了以民为本的思想。例如，在扶贫工作中，中国政府采取了精准扶贫、精准脱贫的策略，通过发展产业、改善基础设施、提高教育水平等措施，帮助贫困地区和贫困人口实现脱贫致富。这是对人民不分国界的最直接的维护，也是对全人类共同利益的深刻关切。

在实现目标的过程中，必须从感性认知转向理性分析，并将理想规划转化为实际行动。若仅限于理论讨论，而未采取具体可行的执行措施，此类计划将仅停留在空想阶段，无法转化为现实。而中国提出的"中国梦"并号召各国实现人类命运共同体，这是与全体人民共同制定的计划。它体现了人民的价值，从以人为本细化到以民为本，为了人民维护公平和平衡利益。我们将通过有效的途径和不懈的努力，最终实现共同繁荣的美好愿景。

（3）人民的归属感

体现人民为中心思想给予人民对于社会的归属感，最直接的方式是确保社会劳动资料的公平共享。中国在改革开放后，积极倡导按劳分配、人人共享的分配模式，力求在物质资料和精神资料方面实现全民共享。这一理念，特别是在中国新时期发展的背景下，显得尤为重要。当前，我国面临的主要矛盾在于人民物质生活水平的不断提升与对优质精神生活的迫切需求之间的平衡，这进一步凸显了对人民需求持续关注与满足的重要性。

人民的当代需求是多方面的，包括收入、福利、就业机会、生态环境、娱乐设施等。在物质生活得到基本满足的基础上，人民开始更加注重心理满足和精神愉悦，即在"安全感"的基础上追求"幸福感"。物质生活的保障为人民提供了稳定的生活基础，即"安全感"，而精神生活的丰富则进一步提升了人民的"幸福感"。这些需求的满足，都依赖于保障人民共同获得成果的权力，而公平和共享则是赋予人民对国家归属感的前提。

在全面依法治国的基础上，我们必须认识到，道德引导同样不可或缺。没有道德引导，就像机械性运作缺乏生命力，难以长期持续。因此，在民主法治水平不断提高的背景下，我们必须用人文思想提升人的自觉意识，通过以民为本的思想规范行为，监督社会制度，从而增强人民对人本体的自我尊重和自我价值的主动实现。这将有助于凝聚民心，实现社会的公平共享。

"一带一路"倡议不仅促进了"一带一路"共建国家的经济合作，更蕴含着深厚的民本思想，为增强人民归属感提供了新的思路。通过"一带一路"项目，如基础设施建设、贸易往来和文化交流，不仅带动了共建国家的经济发展，也为人民提供了更多的就业机会和收入来源，从而提升了人民的生活水平和幸福感。更重要的是，"一带一路"倡议强调以人为本，注重人民的参与和受益，让人民在发展过程中有更多获得感、参与感和归属感。

随着经济、文化等方面交流一体化程度的不断提升，关注以人民为中心的难度也在不断增加。在此背景下，我们需要在坚守国家教育、医疗、基建、民生、养老等基本底线的基础上，更加深入地了解人民的需求。通过人民的体验来判断需求点，我们可以更加精准地制定政策，促进可持续构建共治共享的模式。同时，我们必须重视人民的社会"幸福感"体验，维护人民对国家的归属感，激发人民对生存时间和空间的热爱与维护。这将有助于强化国家的安全建设和可持续发展，进一步推动以人民为中心的发展理念深入人心。

在"一带一路"民本思想的引领下坚定不移地继续坚持人民至上的原则，不仅是国家发展的基石，更是执政治国的指南。只有不断满足人民日益增长的美好生活需要，才能真正实现社会的进步与繁荣。"一带一路"民本思想强调以人民为中心的发展理念，这与人民至上原则不谋而合。在这一思想的指导下为人民创造更好的生活条件，更广阔的发展空间，以及更多的发展机遇，注重人民的参与和共享，确保发展成果惠及每一个人，可以使人民在共享的过程中获得更多的归属感和幸福感。

同时，也应清醒地认识到，只有不断探索创新，不断深化改革，不断完善制度，才能满足人民的美好生活需要和期望。坚持一带一路民本思想与人民至上原则，是国家发展的必然选

表 11　中国脱贫攻坚步伐

年度	月份	工作重点
2013	11月	党的十八大提出： 2020年实现全面建成小康社会宏伟目标
2013	11月	提出"精准扶贫"

年度	月份	工作重点
2014	4月	开始开闸贫困识别和建档立卡工作
	10月	"10月17日"被定为中国首个"扶贫日"
2015	2月	陕甘宁革命老区脱贫致富座谈会召开
	6月	集中连片特困地区扶贫攻坚座谈会召开
	10月	"五个一批"脱贫措施首次提出
	11月	中共中央、国务院作出《关于打赢脱贫攻坚战的决定》
2016	2月	《省级党委和政府扶贫开发工作成效考核办法》印发
	4月	《关于建立贫困退出机制的意见》印发
	7月	东西部扶贫协作座谈会召开
	11月	《"十三五"脱贫攻坚规划》印发
2017	2月	江西井冈山率先脱贫摘帽。 年内全国28个贫困县脱贫摘帽。
	6月	深度贫困地区脱贫攻坚座谈会召开
	12月	《关于加强贫困村驻村工作队选派管理工作的指导意见》印发
2018	2月	打好精准脱贫攻坚战座谈会召开
	4月	解决"两不愁三保障"突出问题座谈会召开
	8月	中共中央、国务院印发《关于打赢脱贫攻坚战三年行动的指导意见》
2020	3月	决战决胜脱贫攻坚座谈会召开
	11月	贵州省宣布剩余的9个贫困县退出贫困县序列。中国832个贫困县全部脱贫摘帽。①

资料来源：根据新民周刊（2021-03-08）脱贫数据制表。

择。以人民为中心的发展思想，将不断提升人民的获得感、幸福感和安全感，为人民创造更加美好的未来，为实现中华民族伟大复兴的中国梦贡献力量。

实现路径：为全体人民实现共同富裕

（1）对内脱贫促共同富裕

面对全球疫情带来的突发性冲击，全球经济体系遭遇了空前的挑战，导致全球贫困人口数量显著上升。在此背景下，中国政府不仅在国内采取了一系列有力措施，大力发展国内经济，致力于解决 7.7 亿农村贫困人口的脱贫问题，还通过"一带一路"倡议，对全球扶贫工作产生了深远影响。依据世界银行所确立的贫困标准，中国贫困人口数量占全球贫困人口总数的比例超过 70%，这一数据充分彰显了中国减贫任务的艰巨程度与紧迫性。

根据官方统计数据，1990 年中国作为发展中的国家，贫困人口数量达到了 9.87 亿。为了有效应对这一严峻挑战，中国政府累计派出了 25.5 万个工作队，300 多万名第一书记和驻村干部，200 多万名乡镇干部和数百万村干部，努力实现人民的根本利益。并采取了对外开放和经济发展的策略，推进基础设施建设，取得了令人瞩目的成果。2012 年，全国大陆总人口为 135404 万人，比上年末增加 669 万人，在贫困人口方面，2012 年末全国农村贫困人口总数为 9599 万人，比上年减少 3813 万人，占总人口的 9.8%，2017 年，全国农村贫困人口减少了 1289 万人，贫困发生率下降了 1.4 个百分点，贫困发生率为 3.1%，这意味着贫困人口占目标调查人口的比重为 3.1%。自从 2012 年提出 2020 年全面建成小康社会的目标，中国平均每年有 1000 多万人口脱离贫困，

图 7　中国扶贫工作人口数据

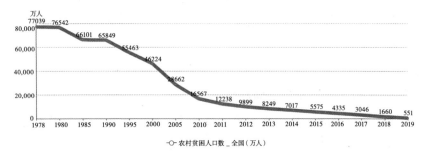

资料来源：中经数据，筛选数据自制。

图 8　中国金融机构人民币各项贷款余额建档立卡贫困人口及已脱
贫人口贷款额及期末同比增速

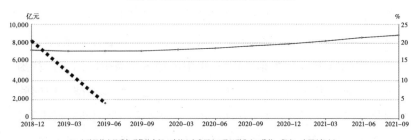

图 9　2008—2023 年度中国扶贫一般公共预算支出和完成度

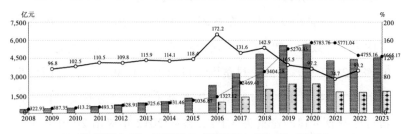

平均每 3 秒钟就有 1 个人脱贫,相当于一个中等国家的脱贫人数。截至 2020 年底,中国已成功帮助 9899 万贫困人口脱离贫困状态。在贫困地区,已累计建成 110 万公里公路和 3.5 万公里新铁路,这些交通设施不仅大幅改善了当地的交通条件,更为经济发展提供了坚实支撑。同时,农村电网普及率已达 99%,98% 以上的贫困村已具备光纤通信(OFC)与 4G 技术使用能力,这极大地促进了信息的流通与知识的普及,并为贫困地区居民带来了更为便捷的生活方式。

在教育领域,中国政府积极推动远程教育在贫困地区的普及,使更多孩子能够享受到优质教育资源。在医疗领域,远程医疗服务已覆盖所有贫困县,为当地居民提供了更为便捷与高效的医疗服务。此外,电子商务的快速发展也为贫困地区的农产品开辟了新的销售渠道,为农民增收开辟了新的路径。在住房保障方面,中国政府累计改造了 790 万户危房,惠及 2568 万贫困人口,使他们得以住上安全、舒适的房屋。同时,还累计建成 3.5 万个集中安置区与 266 万套安置房,成功搬迁 960 多万贫困人口,为他们提供了更为稳定的生活环境。

截至 2020 年,中国已提前十年实现联合国 2016 年启动的《2030 年可持续发展议程》中确立的减贫目标。这一伟大成就不仅为中国自身发展注入了强大动力,更为全球减贫事业树立了典范,为世界带来了希望与鼓舞。在 2018 年的 "China Systemic Country Diagnositc" 报告中,世界银行对中国在经济增长和脱贫方面取得的史无前例的成就给予了高度评价。

中国在脱贫工作中,做到了精准定位,完成识贫、扶贫、脱贫,动员全民合力参与脱贫工作，始终坚持以人民美好生活为根本目标，立足作为全球最大发展中国家的实际，积极探索具有中国特色的减贫之路。通过一系列有力措施，中国成功减少了大量贫困人口，为全球脱贫工作作出了巨大贡献。体现了依靠人民，服务人民的中国思想。因此，中国脱贫力量，就是人民的力量。中国为了保障人民的生活，维护人权，构建人类命运共同体作出了贡献，中国脱贫成功，就是世界脱贫的成果。

（2）"一带一路"倡议助世界脱贫

自提出以来，"一带一路"倡议不仅在中国国内产生了显著影响，而且在全球范围内展现了其独特的价值和意义，实现了通过构建国际合作平台，促进"一带一路"共建国家的共同发展，进而推动世界经济的增长，提升各国人民的生活水平。

首先，"一带一路"倡议推动了中国国内的基础设施建设和经济发展。通过大规模的基础设施项目，中国不仅增强了自身的经济实力，也为全球经济增长注入了新的动力。同时，该倡议为

图 10 （世界银行统计）2013—2023 年实际贫困率走向

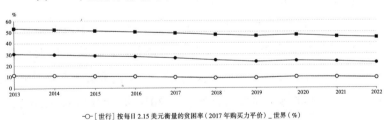

资料来源：中国社会统计年鉴，按每天美元衡量的贫困人口比例，筛选数据制表

中国企业提供了更广阔的发展空间，促进了中国经济的结构优化和升级。然而，更为重要的是，"一带一路"倡议通过国际合作，将中国的成功经验和发展模式分享给了共建国家，为他们提供了扶贫和发展的重要借鉴。

在"一带一路"共建国家中，许多发展中国家面临着贫困和基础设施落后的双重挑战。而"一带一路"倡议通过互联互通项目，为这些国家提供了资金、技术和经验支持。这些项目不仅改善了共建国家的基础设施，还促进了当地产业的发展和就业机会的创造，从而有效减少了贫困人口。通过加强基础设施建设，共建国家得以更好地利用自身资源，提高生产效率，增加出口收入，进而实现经济的可持续发展。

其次，"一带一路"倡议通过项目建设，平衡了国际市场供给，扩大了市场规模，激发了商业机会，增加了就业机会，提升了人民的人均收入。在和平发展的环境中，各国人民享受到了农

图 11 "一带一路"倡议对"一带一路"共建国家及地区投资数据走向（2017–2020）

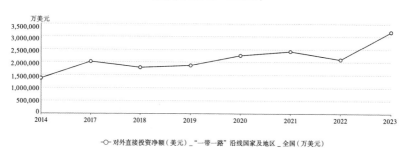

万美元

对外直接投资净额（美元）_"一带一路"沿线国家及地区 _ 全国（万美元）

资料来源：根据世界银行官网"一带一路"中国对"一带一路"共建国家投资数据筛选。

业、工业、商业、服务业等各个行业的资源优化。这种全面的发展不仅提升了"一带一路"共建国家人民的生活水平，还促进了社会的和谐与稳定，更特别值得一提的是，对扶贫方面的贡献尤为显著。通过建设基础设施、发展产业和创造就业机会，该倡议帮助共建国家减少了贫困人口，提高了人民的生活水平。同时，通过国际合作和经验分享，"一带一路"倡议还为共建国家提供了扶贫和发展的新思路和新方法。

此外，"一带一路"倡议体现了中国作为一个负责任大国的国际担当。该倡议不仅关注中国的经济发展，更注重全球的共同繁荣。通过加强国际合作，推动各国共同发展，实现互利共赢的局面，中国为全球和平与发展作出了积极贡献。同时，"一带一路"倡议促进了各民族之间的交流与合作，增进了各民族之间的相互理解和友谊。

截至 2021 年 9 月，通过"一带一路"倡议建成的境外经贸合作区域，为当地人民创造了大量的就业机会。这些就业机会不仅提高了当地人民的生活水平，还促进了社会的稳定和发展。可以说，"一带一路"倡议在扶贫方面的贡献已经得到了共建国家人民的广泛认可和赞誉。

综上所述，"一带一路"倡议是一个具有全球视野和深远影响的国际合作平台。它通过互联互通项目，促进了共建国家的经济发展和社会进步，提高了各国人民的生活质量。同时，在扶贫方面，"一带一路"倡议为共建国家提供了资金、技术和经验支持，帮助他们减少贫困人口，实现可持续发展。这一倡议展示了中国作为一个负责任大国的国际担当，为全球和平与发展作出了积极贡献。未来，随着"一带一路"倡议的不断深入实施，相信它将为共建国家带来更多的发展机遇和民生福祉。

二、构建人类命运共同体

客观分析"一带一路"倡议与构建人类命运共同体的关系

"一带一路"倡议的实施，客观上展现了"民本"思想在现代经济一体化进程中的体现，强调了以人民为中心的发展理念。然而，全球一体化是一个多维度的发展趋势，它不仅包括国家政治、经济、文化、国际安全和生态环境等多个方面。因此，从客观分析的角度，"一带一路"倡议并非止步于以人民为中心的理念，而是为这一理念的实践奠定更坚实的基础。只有确保人民的物质基础得到充分保障，社会上层建筑才能进一步完善。其终极目标是推动世界一体化的共同进步，全面构建人类命运共同体。

在此背景下，习近平总书记提出的构建人类命运共同体的思想，是在全球一体化深入发展的需求和背景下形成的。该思想对世界发展趋势进行了严谨而全面的分析，并对人类的价值进行了深入的阐释。人类命运共同体理念包含五个方面的核心要义，为国际社会的未来发展提供了重要的思想指引。：

国际权力观

在历史的长河中，国际权力的争夺导致了不同国家间的战争与冲突。即便在当今时代，部分西方国家仍旧沿用冷战时期的策略，通过单边贸易限制来塑造国际政治格局，维持霸权主义的主导地位。他们对持有不同意识形态和国际立场的国家施加零和博弈和文化殖民。然而，随着发展中国家经济实力的增强，对国际权力公平分配的需求日益增长，这些国家渴望获得政治话语权，以促进全球多极化经济的快速发展，这冲击了强权政治的核心地位，并推动世界各国树立新的国际权力观念，向政治共同体迈进。尽管如此，目前还没有国家能够完全脱离旧的国际体制，提出一个符合世界发展趋势的新政治体制。

在这一背景下，随着大多数国家在双边和多边贸易中获得利益，全球对国际合作的期望日益增长，希望在稳定、团结的政治背景下，建立基于尊重各国基本利益的良好合作关系，避免因利益冲突而引发政治冲突。在这方面，中国秉持平等互利、共同发展的理念，从人民的角度出发，寻求最大程度的政治合作。无论是"一国两制"还是"一带一路"，都体现了中国积极参与构建新的国际政治关系，并为国际权力平衡作出贡献。

中国秉持的观点是，全人类共同栖息于同一生态环境，众多国家与个体的利益紧密交织，展现出诸多共性。因此，人类社会本质上是相互依存的。这种客观现实不应通过牺牲任何一方的利益来实现自我发展。以自我为中心的霸权主义和单边主义不符合当前的发展趋势，也无法解决世界面临的主要问题，如金融危机后各国经济的复苏，或疫情后国际交流的重建。因此，需要一种开放的视角，在民族独立的基础上，通过共同协商确保相互依存的政治共同体。

因此，中国坚持和平共处五项原则，与世界各国保持平等互利的外交关系，并与多个国家建立了互信互利的合作关系，赢得了广泛认可。通过提出建立人类命运共同体的目标，中国以平等包容的态度平衡国际权力，维护新的国际政治秩序，注重国家间的平等交流，建立正确的国际关系，构建公平公正的政治共同体，并推动全球治理体系的共同完善和发展。

共同利益观

在历史的长河中，国家利益往往局限于特定一方或国家，这种利益的争夺曾多次引发战争，给人民带来深重的灾难。然而，在经济全球化的浪潮中，各国人民逐渐意识到，利益是共通的。这一认识的转变，标志着人类社会的一大进步。例如，在战后，许多国家把握机遇，实现了个体经济的快速增长，世界经济也迅速复苏，进入了追求快速经济效益的时期。然而，在这一过程中，人们往往忽视了潜在的风险。2008 年，美国华尔街股市的暴跌迅速蔓延至全球，对世界经济造成了短期内难以修复的损害，国际贸易持续下滑、经济发展停滞、股市震荡等负面现象频发，严重冲击了人们的生活，使世界经济发展几乎陷入了停滞。

由于过度追求经济发展而忽视了生态环境的保护，全球气候发生了变化，导致冰川融化、降水量不均和海平面上升，这些变化不仅威胁到岛屿国家的安全，也给沿海城市带来了风险。资源和能源的过度消耗导致了可利用资源的短缺，并因处理不当而污染了环境，促进了有害病毒的繁殖和传播。此外，生态环境的破坏也影响了粮食生产，导致粮食短缺，威胁到人民的基本生存需求，不仅增加了难民数量和流动，给国家安全秩序带来压力，也引发了全人类在处理救治问题上的道德危机。看似单一环节的问题，实则牵连并损害了其他环节。例如，全球经济区域发展不平衡，在技术、资源等多个领域存在较大差距，一些国家拥有核心技术却缺乏劳动力，而另一些国家劳动力充足却只能从事低水平工作，两者面临的问题不同，由于缺乏共同解决问题、互补长短的机会，导致了生产成本增加和利润减少。

因此，在当前的发展阶段，越来越多的全球化共同问题促使各国在考虑本国利益的同时，也必须为其他国家的发展着想。因为一旦出现问题，没有哪个国家能够置身事外。这推动了全球利益一体化的形成，人类逐渐认识到，仅维护个人利益是不足以构建安全的生活环境的，维护全球共同利益才是对个人利益的全面保障。因此，我们应当弘扬共同利益的理念，共同迈向经济共同体。这一理念的推广和实践，将有助于构建一个更加和谐、稳定、繁荣的国际社会。

可持续发展观

在人类命运共同体之下，可持续发展的内涵是基于全人类不分国界，命运紧密相连的共识。为了给未来增添有益的发展因素，国际社会在尽可能超越分歧的基础上达成了共同认知，致力于从经济、社会和环境三个方面协同推进，以实现可持续发展，这一理念深刻验证了人类命运共同体的合理性。

在相互作用、共存共荣的时代特征下，人类的可持续发展与生态环境的可持续发展呈现出紧密的相关性。首先，必须清晰认识到，可持续发展的核心在于人与自然的关系。人类的成长与进步始终离不开大自然的滋养，人类从自然界中获取了生活所需的物质资源，并在此基础上推动了人类文明的持续进步。其次，在对自然资源进行合理开发与利用的同时，人类能够充分发挥思维与创造力，生产出所需的各类物资。没有大自然提供的丰富资源，人类社会便无法取得今日的发展成就。因此，各国应牢固树立可持续发展的理念，不仅要专注于当前的发展，更要为子孙后代留下宝贵的自然资源与财富。在生态共同体中，各国需共同努力，携手合作，共同谋求人类发展的可持续未来。

"一带一路"倡议在这一进程中发挥了举足轻重的作用。它有效促进了共建国家的经济合作与互联互通，推动了基础设施建设和贸易往来，为可持续发展提供了坚实的支撑。通过"一带一路"倡议，各国能够共同应对气候变化、环境污染等全球性挑战，加强生态保护和环境治理，推动实现经济的绿色增长。这一倡议不仅有力推动了共建国家的经济发展，也充分体现了可持续发展的理念与实践。

可持续发展的关键要点在于加强经济、社会和环境三个方面的议程。例如，当前的气候变化问题，正是大自然向人类发出的严峻警示。世界各国应采取切实有效的行动，共同守护自然的安全边界，让良好的生态环境成为推动可持续发展的不竭动力。尽管各国对发展和可持续发展的定义存在细微差异，且可持续发展的具体细则在国际仍存在争议，但无可否认的是，可持续发展是对社会经济环境的积极改善与提升。通过国际合作、组建新的联盟以及实施生态保护措施等，各国能够在思想与实践的交流中统一标准，从而对社会和环境的可持续发展产生深远的影响。

因此，建设可持续发展的健康生态系统是一项全球性的任务，仅凭单个国家的力量难以完成。这需要基于共同利益，依靠全世界人民的共同努力与协作。应促进人与自然的和谐发展，实现人类本质的真正回归,这是一种科学的人类文明的回归。同时,"一带一路"倡议的实践为全球可持续发展提供了宝贵的经验与启示,它促进了共建国家的经济合作与共同发展,为实现全球可持续发展目标作出了积极贡献。只有在社会经济发展与生态环境和谐共存的基础上,才能推动时代的全面发展。在求同存异、扩大共同利益的基础上,各国应携手合作,共同建设一个可持续生存的人类共同社区。

全球治理观

随着全球化问题的不断增加,在国际化差异日益显著的大背景下,共同治理全球问题已成为各国政府、国际组织、非政府组织和跨国商业集团普遍关注的主题。为了加强国际规范和国际机制,构建一个具有法律约束力和道德影响力的框架,以应对全球性挑战,国际社会正在不断努力。

当前,国际社会的主流价值观虽然强调多边主义和合作共赢,但在实际操作中,不同国家的实际利益往往成为影响全球治理的关键因素。这使得全球治理在实现公平合理方面面临一定的难度。然而,尽管全球治理困难重重,且存在诸多争议,但各国仍在积极寻求解决方案。妥善处理好全球治理与主权独立之间的关系,发挥包容心和权责意识,是推动全球治理向前发展的关键。

中国作为世界上最大的发展中国家之一,在全球治理中发挥着重要作用。中国的和平外交政策对世界发展产生了积极影响,推动了国际关系的民主化和法治化。中国坚持共同协商、共建共享的全球治理观,积极参与全球治理体系的改革与建设。通过加强与各国的合作与交流，中国不断推动全球治理朝着更加公平合理的方向发展。

特别是"一带一路"倡议的提出和实施，为全球治理注入了新的动力。这一倡议旨在推动全球治理体系的完善和变革。通过"一带一路"建设，各国共同探索互利共赢、共同发展的新路径，为全球治理提供了更多的可能性。

同时，中国坚定地支持联合国的领导地位，并在其中发挥大国的积极作用。中国积极参与联合国框架下的各项事务，支持发展中国家在国际事务中的代表性和话语权。通过提供经济援助、技术支持等方式，中国帮助发展中国家提高参与全球治理的能力，共同推动全球治理体系的完善和变革。

此外，中国还积极参与解决国际和地区热点问题，如朝鲜半岛问题、中东问题等。通过外交渠道推动各方通过对话和协商解决问题，中国为维护国际和地区和平稳定作出了重要贡献。同时，中国也积极应对各种全球性挑战，如气候变化、反恐等，为全球治理贡献了智慧和力量。

建设人类命运共同体是长期、复杂且充满曲折的过程。但只要坚持共同协商、共建共享的全球治理观，积极发挥"一带一路"等国际合作机制的作用，推动全球治理体系的完善和变革，在全球范围内就可以逐步构建一个更加公平合理、和谐发展的治理体系。在这个过程中，各国需要相互尊重、平等相待，加强合作、共谋发展。如果所有国家的政治家都能从全人类的长远利益出发考虑问题，而不是从短期的国内政治需求出发制定政策，那么全球范围内就有望建立一个更加共同富裕、和谐发展的人类命运共同体。

三、实证分析"一带一路"倡议以人民为中心构建人类命运共同体

中国帮助构成沿线各国物质基础

在没有物质支持的情况下，人类难以得到幸福，譬如维持生计，维护人际关系，对有观赏限制的艺术品进行审美都需要物质条件的保障。由此可见，人类追求物质生活不是目的，而是实现自我价值的另一种体现。社会是建立在充裕的物质基础，成熟的社会关系，相匹配的文化水准和人的归属感之上的。在不同的社会制度下，追求物质基础的积累是必须面对的现实，经济发展是人类社会构建上层建筑不可缺少的物质基础，而以人民为中心追求的物质基础是符合人类社会发展特点的客观存在。

上层建筑的特征是上层建筑无法在社会中单独存在，具有主导性，能够支持国家决策，可以将一部分意识形态形成理论，是构成社会的主流思想的体现，具有时效性。它的功能是在社会主体的发展需求不断变化的情况下缓解社会主要矛盾。例如庆祝国家的建成，向国旗致敬，为社会现象作官方发言，都属于上层建筑的范畴。国家的上层建筑是否能够存在，体现在是否能够适应经济发展的规律，与之相互矛盾相互作用。

人类社会在任何一个时代，都是复杂而不稳定的，社会矛盾的不断产生和解决推动了社会的变革。在当今经济水平日益增长和资产过于集中的时代，大部分人民的生活被冲击，利益矛盾越来越突出。而为了改变现状，必须从思考什么是社会的

根本开始，承认人民的作用，才能尽快地维持社会发展秩序，调整不平衡的结构，为更好的生活构建公平。

在分配不均的时期，资产较为充足的一方对另一方提供对外援助，以此获取特权，设定规则获取暴利。他们一方面积极参与维持财富分配不平等，另一方面，为了获取国际话语权，增强掌控力，抛出吸引眼球的话题，如"促进慈善""对外投资"等。例如在戈尔开创性的纪录片《难以忽视的真相》①中，英国商业大亨理查德·布兰森曾公开承诺将花费30亿美元用于开发生物燃料，作为石油和天然气的替代品，造福人类，塑造了社会企业家、创造者和救世主的公众形象。

类似于布兰森这样的承诺表面上是为了大多数人服务的，但在现实生活中只有共同生产用于人类公共生活的价值，才能够体现社会的本质，形成责任和任务的道德认知。虽然某些个体具有发挥改变群体生活状态的实力，有能力为解决眼前的贫富问题提供新的方案，但这最终无法替代公共政策对社会产生的作用。随着社会的进步，人的流动频率增加，对个体生活影响最大的就是群体机制的改变，进而导致社会内部结构出现改变。根据上述纪录片中娜奥米·克莱因的后续追踪报道，理查德·布兰森的承诺并未使人民如愿以偿，在2014年他对生物燃料的投资远低于3亿美元，距离2016年达到30亿美元的目标仅剩两年。到2018年，据某些团体评论，布兰森的总投资额还未达到最初承诺的3%。采访者克莱因最终不

---

① DavisGuggenheim, AlGore, *AnInconvenientTruth*, 2006.

得不认为，之前对此事件的相关质疑有可能是正确的，并结束了对布兰森作为社会共同利益变革者的分析报道。布兰森的案例具有研究价值，体现了人性。这标志着社会进入了新阶段，在这个阶段中，媒介、引导和挫折冲击并存，导致意识形态容易受到表面形象、口号和未经证实的承诺的影响，这些承诺往往带有夸大的目标，是利用人的认可而实现的战略。

人是高级动物，具有特殊性、复杂性和社会性。政治、权力、意识形态和社会矛盾组成了人的日常生活，因此，关注人的主体性和获取资料的方式至关重要，有助于理解自然条件和人文思想的交叉，为社会提供有价值的选择。以人民为中心是人类

图12　2014-2023年度世界各国对外直接投资总额排名（由多至少）

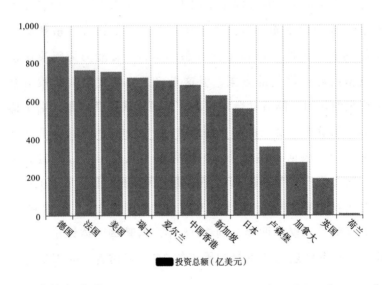

资料来源："United Nations Conference On Trade And Development", *World Investment Report*, UnitedNationsPublications, 2020-2021.

为了维持生活所需而组织分配生活资料的追求，人在社会中能够清楚地意识到自己与他人的关系，能够通过社会的组织，共同决定如何确保自己的生活。因此，以人民为中心的发展思想是解决全球的人类决策、跨域群体和边缘化群体所面对挑战的有力应对方式。梳理社会背景，形成具体理论思路，帮助应对社会、文化、经济和政治空间的不同层面的问题，包括与经济和社会相关的一系列不平等和战略需求的问题。

在世界一体化模式逐渐形成的趋势下，中国"一带一路"倡议针对发展共建中国家的贫富差异特点做出了显著贡献。该倡议不仅推动了共建国家的经济发展，还帮助它们构建了更加坚实的物质基础。目前，中国是FDI最大的外国直接投资供应国和世界经济增长的最大贡献国之一，对世界经济增长的平均贡献率超过30%。中国为世界各国的大型投资项目提供贷款，帮助开发了汉班托塔港口、马塔拉国际航空站、卡努亚克-科伦坡公路、莫拉加坎达灌溉系统和南方公路等一系列重要基础设施项目。这些项目从融资、基建、就业率和国民生活水平等多个方面，为"一带一路"共建国家的发展提供了有力支持，有效平衡了利益分配，促进了国际关系的和谐稳定。通过"一带一路"倡议，中国不仅促进了自身的经济发展，更为全球经济的繁荣与发展做出了积极贡献。

"一带一路"倡议对共建国家影响的实证分析

（1）主成分分析法构建民生指数

为验证中国在"一带一路"过程中"民本思想"的体现，通过实证来分析中国在"一带一路"沿线上的贡献。首先选取能够体现"民本"思想的指标，不断对比验证，找出最终指标，并将数据进行标准化处理后，通过主成分分析法构建民生指数，筛选指标如下：

表12 "民本"指数构建指标

指标名称	因子编号
NMMS_营养不良发生率	X1
MMS_人均GDP	X2
MMS_人口增长率	X3
MMS_通电率	X4
MMS_15岁(含)以上总就业人口比率(百分比)(模拟劳工组织估计)	X5
MMS_按国家或避难地区划分的难民人口	X6
MMS_按来源国家或地区划分的难民人数	X7

首先得到总方差解释的表格：

表13 总方差解释

因子编号	特征根			旋转前方差解释率			旋转后方差解释率		
	特征根	方差解释率%	累积%	特征根	方差解释率%	累积%	特征根	方差解释率%	累积%
X1	2.314	33.053	33.053	2.314	33.053	33.053	2.269	32.415	32.415
X2	1.37	19.577	52.63	1.37	19.577	52.63	1.341	19.152	51.567
X3	1.036	14.797	67.427	1.036	14.797	67.427	1.11	15.86	67.427
X4	0.929	13.267	80.694	–	–	–	–	–	–
X5	0.628	8.971	89.665	–	–	–	–	–	–
X6	0.467	6.677	96.342	–	–	–	–	–	–
X7	0.256	3.658	100	–	–	–	–	–	–

根据总方差解释表格可知，共提取 3 个主成分，可分别设为 F1、F2、F3，提取的 3 个主成分累计方差解释率为 67.427%，说明这三个主成分可以解释所有指标意义的 67.427%，同时，用单个主成分的方差解释率与累计方差解释率之比代表每个主成分的权重，可分别得到三个主成分的权重，令"民本"指数为 F，通过计算可知，F1、F2、F3 的权重分别为 32.415%、19.152%、15.86%，因此，民生指数综合得分：

$$F=32.415\%F_1+19.152\%F_2+15.86\%F_3 \quad (1)$$

表 14　成分得分系数矩阵

名称	成分		
	F1	F2	F3
X1	0.361	0.128	0.123
X2	0.163	0.401	0.18
X3	−0.303	0.178	0.431
X4	0.405	−0.07	0.041
X5	−0.179	0.571	−0.123
X6	0.038	−0.012	0.815
X7	−0.022	−0.476	−0.038

根据成分得分系数矩阵，求出每个主成分的得分：

$$Fi=\sum_j^i C_{ij} X_j \quad （C_{ij} 为第 i 个成分的第 j 个指标的系数）（2）$$

将求出来的各成分得分代入公式（1），得到民生指数。

如下图所示，通过对"一带一路"各大洲国家的民生指数求取均值，得到各大洲的民生指数。

图 13 "一带一路" 参与国民生指数

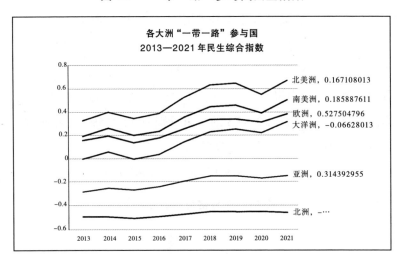

从 2013 年 "一带一路" 被提出开始, 欧洲、亚洲、南美洲和北美洲的民生指数始终为正值, 亚洲从 2013 年开始逐步提高, 并从 2016 年开始快速增长, 2019 年稍有下降后继续增长, 这也说明亚洲的人民生活得到重视。欧洲国家从 2015 年开始民生指数稳步上升, 2016 年以后提升较大, 2018 年稍有放缓后于 2020 年继续增长。南、北美洲民生指数较为平稳。非洲、大洋洲指数始终保持在零以下, 与其社会发展形态和基本情况密切相关, 但是在 "一带一路" 被提出后, 其指数均有所上升。

（2）回归分析

得到 "一带一路" 国家民生指数之后, 对中国在 "一带一路" 国家上的投资是否对民生指数产生显著的影响进行回归分析。

选取中国实际利用 "一带一路" 国家外商直接投资金额和国

家进出口总额为自变量，并选出"一带一路"国家受援助情况、外债情况和军事支出作为控制变量，逐步分析产生的影响。首先对选取的自变量和控制变量进行最小—最大标准化处理，并对处理后的数据进行描述统计，结果如下。

表 15　描述性统计

	Variable	Obs	Mean	Std.Dev.	Min	Max
因变量	"一带一路"国家民本指数	1017	0.007	0.604	−2.167	2.204
自变量	中国实际利用"一带一路"国家外商直接投资金额	1017	0.008	0.065	0	1
	中国同"一带一路"国家进出口总额	1017	0.042	0.098	0	1
控制变量	"一带一路"国家已收到的净官方发展援助和官方援助	1017	0.221	0.152	0	1
	"一带一路"国家外债总额存量	1017	0.06	0.137	0	1
	"一带一路"国家军费支出	1017	0.014	0.095	0	1

注：自变量和控制变量均进行标准化处理（数据处理）

　　首先根据描述性统计判断数据的分布，"一带一路"国家民生指数均值为 0.007，说明样本国家民生方面的发展总体趋于一般；在直接投资上，中国对援助国投资总体较为平均，基本上都有投资额度；中国同"一带一路"国家进出口总额均值为 0.042，保持与相关国家密切的经济交流；同时"一带一路"国家已收到的净官方发展援助和官方援助为 0.221，保持较高水平，说明相关国家多为发展中国家，各方面发展较为薄弱，外债总额存量均值为 0.06，经济发展具有较大的滞后性，军费支出均值为 0.014，维持在高水平上，说明国家普遍在军事上支出很多。

接下来进行回归分析，由于本书研究的是中国"民本"思想对"一带一路"国家的普遍影响，但是不同年份又会因为国际突发事件等各种因素是自变量对因变量产生不同的影响，因此采用有时间虚拟变量的 OLS 回归模型。

表16　回归模型

VARIABLES	（1） "一带一路"国家 民本指数	（2） "一带一路"国 家民本指数
中国实际利用"一带一路" 国家外商直接投资金额	1.857***	
	（7.14）	
中国同"一带一路"国家进 出口总额		1.067***
		（5.40）
"一带一路"国家外债总额 存量	1.467***	1.270***
	（10.52）	（8.82）
"一带一路"国家已收到的 净官方发展援助和官方援助	−1.318***	−1.333***
	（−11.63）	（−11.64）
"一带一路"国家军费支出	−0.616***	−0.969***
	（−3.08）	（−4.54）
2014年份	0.012	0.006
	（0.17）	（0.08）
2015年份	−0.014	−0.011
	（−0.19）	（−0.16）
2016年份	−0.001	0.002

	(−0.01)	(0.03)
2017年份	0.031	0.028
	(0.44)	(0.39)
2018年份	0.036	0.029
	(0.50)	(0.40)
2019年份	0.029	0.018
	(0.40)	(0.25)
2020年份	0.057	0.047
	(0.80)	(0.64)
2021年份	0.060	0.036
	(0.83)	(0.49)
Constant	0.179***	0.176***
	(3.19)	(3.08)
Observations	1,017	1,017
R−squared	0.218	0.201

t−statisticsinparentheses

***p<0.01,**p<0.05,*p<0.1

通过回归分析可知。在模型（1）中，自变量对因变量民生指数在99%的置信水平下产生显著的正向影响，控制变量外债总额存量在99%的置信水平下产生显着的正向影响，已收到的净官方发展援助、军费支出对民生指数在99%的置信水平下产生显着的负向影响；

在模型（2）中，自变量对因变量民生指数在99%的置信水平下产生显着的正向影响，控制变量外债总额存量在99%的置信水平下产生显着的正向影响，已收到的净官方发展援助、军费支出均在99%的置信水平下存在显着的负向影响；

同时，模型（1）中自变量的系数为1.857，模型（2）自变量的系数为1.067，说明中国与"一带一路"国家往来在民生发展中产生着更大的影响，因此中国会扮演更重要的角色，同时中国的"民本"思想在"一带一路"沿线上有深刻体现。

　　这些回归结果揭示了不同经济和政治因素对"一带一路"国家民本指数的影响。特别是外商直接投资、进出口总额、外债总额、官方发展援助和军费支出等因素在模型中显示出显著的影响力。如中国对"一带一路"国家的直接投资和贸易总额与这些国家的民本指数呈正相关，而官方发展援助和军费支出则与民本指数呈现负相关。证实了中国与"一带一路"国家之间经济互动的几个关键领域：

　　直接投资与民本指数呈正相关，表明中国对这些国家的直接投资可能促进了这些国家的社会经济发展，提高了民本指数。这可能是因为直接投资带来了资本、技术和就业机会，从而提升了这些国家的经济水平和社会福祉。

　　贸易总额与民本指数呈正相关，暗示中国与这些国家的贸易活动可能有助于提升这些国家的经济表现和社会福利。贸易的增加可能促进了当地产业的发展，增加了就业机会，提高了收入水平。

　　官方发展援助与民本指数呈负相关，可能表明在某些情况下，官方发展援助并没有有效地促进接收国的社会经济发展。这可能是由于援助的使用效率不高，或者援助未能针对接收国的关键需求。

　　军费支出与民本指数呈负相关，暗示较低的军费支出可以侧边体现这些国家的社会经济发展利好的趋势，因为高额的军费支出有占用社会和经济发展资源的可能。

通过实证分析，明确了经济合作和投资在促进"一带一路"国家社会经济发展中的重要性，对于理解和评估"一带一路"倡议的影响至关重要，为未来的政策制定和国际合作方向提供了研究依据。

根据中国商务部的数据显示，2020年中国"一带一路"对外非金融类直接投资总额达到177.9亿美元，逆势增长18.28%。截至2021年9月份，中国"一带一路"沿线投资已达148.7亿美元，尽管2020年初受到疫情的影响，中国对外投资额度有所下降，但是在2020年4月份中国疫情得到有效控制后，中国便继续开始对外投资与援助的步伐，到2020年7月份，中国单月"一带一路"共建国家投资额达到了21.5亿美元，有效推动了共建国家的发展。

（3）后疫情时代中国"民本"思想的价值

根据中国国家国际发展合作署发布的数据，截至2021年11月，中国在新冠疫情期间向150多个国家和13个国际组织提供了包括口罩、防护服、呼吸机、氧气瓶在内的抗疫物资和医疗物资。此外，中国向34个国家派遣了37支医疗队，并组织了近千场技术指导活动。同时，中国向世界卫生组织提供了5000万美元的现汇援助，向联合国机构及相关国际组织提供了5000万美元的援款。在与世界紧密合作抗疫的同时，中国已向106个国家和4个国际组织提供了超过15亿剂疫苗，并计划向全球提供20亿剂疫苗，向发展中国家无偿捐赠1亿剂疫苗，向"新冠疫苗实施计划"捐赠 1 亿美元。为了共同抗击全球疫情，中国在稳定国内疫情的同时，继续推进"一带一路"项目，并实现了逆势增长。中老铁路、匈塞铁路等重大项目取得了突破性进展，中欧班列全年货物运量和开行数量同比分别增长了 56% 和 50%。

中国还与 DSR 公司 DSR 进一步合作，通过数字化防疫技术控制疫情，助力经济复苏。各参与国也参照中国设计的数字解决方案来应对防疫。例如，用于记录和显示个人健康状况颜色的健康码应用程序已被哥伦比亚、加纳、以色列和新加坡等国用于监测公共卫生和感染风险。此外，在 COVID-19 爆发后的几个月里，因为"一带一路"部分发展中国家医疗卫生资源不足，这些成员国应对卫生危机的能力、方法和进度各不相同。例如，在巴基斯坦卡拉奇，2000 万人口中只有 600 张 ICU 床位。在非洲和拉美国家，城市贫民窟人口密集，加剧了应对医疗资源短缺的需求。例如，在非洲 70% 的人生活在人口密度高很难保持社交距离的贫民窟，甚至很难实现用肥皂和水洗手的基本卫生措施。中国线上推出了阿里巴巴健康和平安好医生等类似的健康平台，使网络咨询技术在此时发挥了作用，咨询量激增。而居家防疫也刺激了电子商务的发展，创新了经济合作模式。例如，卢旺达大使在中国网购平台淘宝上烘焙咖啡的电商直播盈利超过了本地一年的贸易额，推动了该国的经济复苏。上述"一带一路"倡议以民为本的特征，开创了复苏全球经济的新途径，必将在不久的将来提升中国的软实力和全球影响力。

本章小结

"一带一路"倡议深刻体现了"民本"思想，其核心价值在于将人类发展与社会发展本质紧密联系，将人类学的抽象理论具体化为社会角色"人民"，深入探讨人的价值以及人民与社会发展的互动关系。本章节旨在验证以人民为中心的发展思想在人类社会发展中的重要作用，以及在这一思想指导下取得的成就对全球发展的深远意义。这不仅构成了本章节的论述目标，也是本书创新点的体现。

不同的制度、方针、战略会孕育出不同的价值，而这些价值的高低取决于它们对人民的影响。除了经济和社会文化价值，"一带一路"倡议还带来了哪些深远影响，为人民创造了哪些新价值，正是本章节探讨的动因。因此，将倡议中的"民本"思想本质归纳为以人民为中心的发展思想，这不仅是"民本"思想的基本内涵，也是所有可持续发展制度、方针、战略的核心。

以人民为中心的发展思想并非源自某一学科或理论流派，而是基于人民实践的综合思想理论，它融合了"民本"思想、"人学"思想以及人的需求层次理论的精髓。本章节从"民"与"本""人"与"人民""人民"与"社会"三个维度阐释以人民为中心的思想。通过"一带一路"倡议的建设成果和脱贫工作的成功，证明以人民为中心的价值即是构建人类命运共同体。

人类命运共同体为人类提供了一个安全的社区环境，通过共同治理和维护，建立了和谐且可持续的共存空间。它从权利、利益、管理的角度展现了资源共享和共同生活的可能性，从社会发展本质的角度否定了冷战和威慑手段的竞争方式，推动了互通有无，共同构建了互信、互利、平等、合作的生活领域，证明了人类共存的美好愿景是可行的。人类本质上是命运相连的共同体。

通过"一带一路"倡议实施前后各成员国对外贸易和民生数据的对比，展示了倡议对世界经济发展的积极影响，同时也揭示了中国文明软实力的潜在增长。通过重新审视和深入理解"一带一路"倡议中的以民为本价值观，世界经济发展的模式将不断成熟和完善。数据显示，倡议的陆上路线不断扩展，但海上路线未见增长，这表明由于地域和沟通的限制，"一带一路"倡议中以人民为中心的发展思想尚未被所有地区完全接受，全球经济发展与世界文明的联系还有待进一步探索。这也凸显了人类文明对社会的重要性，未来的研究应更加关注对人民价值的探索。

第7章　结论

　　儒家的"民本"理念，其核心源自"民为邦本"的原则，可从两个层面进行阐释：其一，人民是国家的根本；其二，国家治理应以人民为本。这一理念本质上将人的价值作为道德评价的基准。在此理念的指导下，"一带一路"倡议吸纳了儒家的"民本"思想，依据儒家所倡导的、有利于社会的道德传统，制定国家发展的规划。此举不仅有助于推动民族文明的复兴，也反映了人类社会向其本质人性的回归。

　　"民本"理念与"民主"理论之间的差异在于，"民本"理念根植于人的道德倾向，旨在指导和感化个体的道德认知，以实现与理论相符的行为结果。这一过程依赖于个体意识的主动参与，反映了人在社会中对现实环境的人性化解读，并作为一种具有社会引导性的纯粹思想理念存在；而"民主"理论则建立在社会政治制度的基础之上，通过国家和人民的约束力来确保其有效性。尽管两者在内涵上有相似之处，但它们的实现路径和社会功能却大相径庭。2019 年 6 月韩国实施的《水管理基本法》体现了韩国《宪法》第1款第10条和第34条的法律效力，通过制度保障了人民的利益、尊严、价值追求以及幸福权，赋予了人民社会自主权。相比之下，中国的"一带一路"倡议同样致力于维护人民利益，中国正处于经济逐步开放和市场化的阶段，"一带一路"倡议通过国家制度和道德的双重动力来实现以民为本的理念，例如：重视基础设施的建设、贸易和投资的便捷化、金融合作的拓展以及人文交流的增进，旨在推动共同进步等，都体现了该倡议不仅追求经济利益的共同增长，还强调文化互鉴和民心相通，这与中国的"民本"理念相呼应。在国际领域，中国通过合作构建开放、包容、均衡、普惠的区域经济合作体系，以促进全球命运共同体的形成。同时，在国内，中国也在不断推进法治进程，坚持依法治国，完善民主制度，确保人民的基本权利和自由得到法律的维护，这与"民主"理论中所倡导的制度保障和民众参与原则相得益彰。

首先，"一带一路"倡议涉及与具有不同政治体制、文化背景和发展水平的国家合作。若仅以制度性约束单方面推进，将难以实现求同存异的目标，反而可能为合作带来不必要的限制和挑战。实践表明，在国际合作中，通过建立较为宽松的制度框架来促进双边或多边伙伴的参与至关重要。在不威胁国家安全和领土完整的情况下，各国应基于共同利益进行交流与合作。若在国际合作中过分强调与核心原则无关的个别差异，将可能导致过分突出分歧而忽视共同点，从而增加融合难度，影响邦交关系的和谐。

其次，任何国家若仅专注于经济利益而忽视民族文化，重视物质文明却忽略精神文明建设，必将导致宏观调控力度的削弱，降低国家的发展格局，并阻碍民族向心力和凝聚力的形成。历史上的金融危机期间，在推动金融高度自由化的同时维持固定汇率制度，导致贸易赤字的案例，已经充分证明了这一点。因此，尽管"一带一路"倡议需要解决因体制差异造成的对接难题，但其维护人民利益的宗旨能够化解危机。因为人类所有的思想和信仰都源于社会实践的提炼，是人对现实生活的反映。社会在矛盾与统一的过程中发展，人类群体在保持个别差异的同时，也展现出群体的相似性。而人类的文化思想则是连接各领域人际沟通的桥梁。中华"民本"思想作为人类文明的一部分，与"民主"主义或"人本"主义相比，能更真实地融合不同历史背景国家的文明，从而促进民族间的互信互利。在"一带一路"倡议中提倡的"民本"思想，已经超越了中国古代的制度背景，不含政治色彩地为现代社会所用，减少了其他国家因非经济因素而产生的误解和排斥，从人性的角度提供了沟通基础，降低了合作的门槛，减少了国际差异。这使得"儒学"的正价值影响了世界的其他区域，并获得了其他国家对合作的一致认可，成为对外贸易拓展领域不可或缺的因素。

中国当前的发展态势亟需借鉴传统儒家的民本理念，将人民福祉置于治理的核心位置，将满足人民需求作为物质进步和经济增长的最终目标。赋予人民监督政府工作的权利，缩小不同地区人民之间的差异，凝聚民族力量以推动历史前行，实现中华民族的伟大复兴。中国的"一带一路"倡议体现了儒家的民本思想，将人民基本需求的满足程度与政府治理的有效性形成同步增长，体现了对人民的尊重。例如，将平衡人民在物质和精神层面的需求作为国家治理的准则，以人民的决策作为制定社会规范的基础，强调将人性从物质需求的束缚中解放出来，追求更高层次的精神满足。这是中国在实现经济自由发展和改革开放的同时，保持理性思考的方式。只有真正重视人民利益，才能制定出正确的规划，确保治国方略得到切实执行。结合中国儒家思想与具有中国特色的科学发展观，规划国家的可持续发展，才能把握社会发展的脉搏，确保人民生活的稳定①。

中国"一带一路"倡议对境内外的深远影响，其核心要素在于秉持"以民为本"的核心理念。这一理念强调以人民的生存、发展与幸福作为主导思想，坚持将为人民服务作为推动经济增长的出发点，而非让人民服务于经济增长的目标。人民不仅是国家建设的基石，更是国家繁荣的归宿，是所有执政行为所追求的最终价值与评价标准。国家的历史由人民以辛勤劳动共同铸就，其内容真实反映了人民的生活面貌。

因此，世界各国普遍倡导尊重人权、维护生态环境、实现可持续发展的倡议，这表明经济效益与效率并非发展的唯一目标。我们有必要重新审视执政理念，将人的需求作为衡量经济、社会、人文与生态发展的核心指标，凸显人的价值。仅仅依赖逐年 GDP 水平来评判国家的发达程度是片面的。经济数据固然能够反映一个国家在特定统计时段内的国民经济发展总量，但若脱离了人民的实际生活水平，便无法客观展现民生、政治、文化等

---

① 胡开宝：《中国特色大国外交话语的构建研究：内涵与意义》，《山东外语教学》，2019 年第 4 期。

领域的实际发展状况，无法真实反映国家的现实国情与发展阶段，更难以预测国家未来的发展变化与趋势。

唯有将人民作为发展的核心对象与工作重点，人性化地保障人民的合法权益与全面价值的实现，打破空间与时间的局限，确保各地区人民平等享有自我实现的机会，将人的需求理论提升至国与国之间的协作层面，共同追求这一目标的实现，方能真正实现全面而可持续的发展。

"一带一路"倡议继承了儒家"民本"思想的精髓，彰显了无差别、互惠互利、共赢合作的国际主义精神。它通过促进贸易和文化交流，加快了国际的人口流动，加强了世界各区域间的互补性。这一倡议致力于构建全球一体化，以满足世界人民的需求，推动各国经济稳定增长并实现繁荣。在"一带一路"倡议中所体现的儒家"民本"思想，是对人类文明的深刻尊重，它打破了狭隘的区域保护主义壁垒，尊重了个人的生存权、发展权和自由权，激发了各民族的活力。据数据显示，2020年"一带一路"共建国家的商品贸易额达到了1.35万亿美元的历史新高，为全球抗击疫情、稳定经济、保障民生构筑了坚固的防线①。

中国以"一带一路"倡议为平台，致力于构建一个可持续发展的绿色国际伙伴关系网络。通过与各国的共同努力，中国推崇尊重人权和强调绿色发展。利用儒家文明来构建人类命运共同

---

① 新华网（2021—11—08—10：15：32）"特稿：站在人类进步的一边——新时代中国为造福世界作出新贡献"。

体，是中国作为全球最大的发展中国家推动可持续发展的一种有效途径。同时，中国为全球生态环境治理贡献了重要的理念和策略。在推进"一带一路"建设的过程中，中国遵循人类文明的发展趋势，为打造一个共享绿色社区提供了中国智慧。中国避免了依赖传统的发展模式和锁定效应，坚持积累物质基础，并向世界展示其物质成就。通过合作，中国促进共享物质利益，帮助更多国家和地区采纳和实施可持续发展的实践，实现人类命运共同体的目标。这一过程体现了儒家民本思想在"一带一路"倡议中的核心价值，展示了人文科学如何促进国家意志的创新，并开创了和平发展、造福世界的全新领域。

参考文献

著作：

1.［古希腊］柏拉图著，张竹明译. 理想国 [M]. 译林出版社，2009.

2.［古希腊］柏拉图著，王晓朝译. 柏拉图全集 [M]. 人民出版社，2017.

3. 班固撰，颜师古注. 汉书·食货志 [M]. 中华书局，1985.

4.［美］查尔斯·金德尔伯格著. 1929—1939 年世界经济萧条 [M]. 上海译文出版社，1986.

5. 程树德. 论语集释——新编诸子集成（1—4 册）[M]. 中华书局，2014.

6. 陈岳，蒲俜. 构建人类命运共同体 [M]. 中国人民大学出版社，2018.

7. 戴圣著，王学典编译. 礼记 [M]. 江苏科学技术出版社，2018.

8. 邓小平：《邓小平文选》（第三卷）[M]. 人民出版社，1993.

9. 杜石然. 中国科学技术史稿（上册）[M]. 科学出版社，1982.

10. 恩格斯. 共产主义原理 [M]. 民间出版社，1949.

11.〔德〕恩斯特·卡西尔著，甘阳译. 人论 [M]. 上海译文出版社，1985.

12. 冯国超. 中华文明史 [M]. 光明日报出版社，2003.

13. 葛兆光. 中国思想史 [M]. 复旦大学出版社，2001.

14. 管仲. 管子 [M]. 北方文艺出版社，2016.

15. 韩星. 儒家人文精神 [M]. 陕西人民出版社，2012.

16. 黄宗羲著，赵铁峰注释. 明夷待访录 [M]. 河南大学出版社，2016.

17. 孔丘，孟轲著，吴兆基，陈伶注译. 论语·孟子（经典珍藏版）[M]. 三秦出版社，2007.

18.〔丹麦〕李形. 聚焦"一带一路"倡议：以国际政治经济学为视角 [M]. 天津人民出版社，2019.

19. 李心传. 建炎以来系年要录（三）[M]. 中华书局，2013.

20. 刘向. 战国策 [M]. 江苏凤凰美术出版社，2017.

21. 马来西亚中华文化教育中心. 群书治要 360 译注 [M]. 上海三联书店，2016.

22. 平慧善，卢敦基导读，马樟根审阅. 黄宗羲集 [M]. 凤凰出版社，2020.

23. 中华书局. 四部备要书目提要（二）：史部 [M]. 中华书局，1936.

24. 谭中. 简明中国文明史 [M]. 新世界出版社，2017.

25.〔美〕塞缪尔·亨廷顿著，周琪等译. 文明的冲突 [M]. 新华出版社，2017.

26. 司马迁著，杨燕起译注. 史记 [M]. 岳麓书社，2021.

27. 王超译. 论语 [M]. 北京联合出版公司，2015.

28. 王柏栋，杨佩彰，王晨旭. 王符治国安民思想及忧患意识研究 [M]. 甘肃文化出版社，2015.

29. 吴兢撰. 贞观政要 [M]. 上海中华书局，1936.

30. 邬国义，胡果文，李晓路译注. 国语译注 [M]. 上海古籍出版社，2017.

31. 习近平：论坚持推动构建人类命运共同体 [M]. 中央文献出版社，2018.

32. 荀况. 荀子精注精译精评 [M]. 线装书局，2016.

33.〔美〕 亚伯拉罕·马斯洛著. 需要与成长（第3版）[M]. 重庆出版社，2018.

34.〔美〕 伊曼纽尔·沃勒斯坦著，郭方，刘新成，张文刚译. 现代世界体系 [M]. 高等教育出版社，1998.

35. 朱谦之. 中国思想对欧洲文化之影响 [M]. 山西人民出版社，2014.

36. 张廷玉等撰. 明史 [M]. 中华书局，1974.

37. Ding A S, Panda J P. Chinese Politics and Foreign Policy Under Xi Jinping: The Future Political Trajectory[M]. Routledge, 2022.

38. Bellarmine R. De Laicis or The Treatise on Civil Government[M]. Fordham University Press, 1928.

39. Friedrich Wilhelm Nietzsche. Philosophy and Truth[M]. Humanities Press, 1993.

40. Friedrich Wilhelm Nietzsche. The Will To Power[M]. Vintage Books, 1968.

41. John Locke. Two Treatises on Civil Government[M]. Dutton Adult, 1976.

42. Joseph Richmond Levenson. Confucian China and Its Modern Fate: A Trilogy[M]. University of California Press, 1968.

43. Koppelman K L. Values in the Key of Life: Making Harmony in the Human Community[M]. Routledge, 2017.

44. Richard Hoggart. The Uses of Literacy[M]. Routledge, 1998.

论文：

1. 包广将，杨沛鑫. 家国天下："一带一路"合作中的四层价值体系 [J]. 东南学术，2019（3）：130-139.

2. 仇勇. 消费者民主时代 [J]. 环球企业家，2013（2）：26.

3. 樊勇明. 从国际公共产品到区域性公共产品——区域合作理论的新增长点 [J]. 世界经济与政治，2010（1）：143-158.

4. 胡开宝. 中国特色社会主义大国外交话语的构建研究：内涵与意义 [J]. 山东外语教学，2019（4）.

5. 胡春阳. 转型时期社会主义核心价值观认同建构 [J]. 中国特色社会主义研究，2015（1）.

6. 胡爱敏. "一带一路"背景下儒家文化传承与弘扬路径探析 [J].

山东经济战略研究，2020（3）：19-21.

7. 黄仁国. 习近平"一带一路"倡议的儒家文明创新试析 [J]. 文化软实力，2017（4）：50-58.

8. 李红秀."一带一路"倡议下的文化传播与民心相通 [J]. 人民论坛，2020（32）：107-109.

9. 李辽宁."一带一路"背景下中国价值观国际传播论纲 [J]. 理论与评论，2018（5）：15-24.

10. 李娜."一带一路"蕴含着哪些传统文化智慧 [J]. 人民论坛，2019（1）：134-135.

11. 李秀英. 先秦儒家民本思想源流述略 [J]. 潍坊学院学报，2019（4）：75-78.

12. 李向阳."一带一路"建设中的义利观 [J]. 世界经济与政治，2017（9）：4-14.

13. 梁凤琴. 试论先秦儒家义利观及其当代价值 [J]. 黑河学刊，2020（6）：70-74.

14. 刘新新. 论儒家思想"合群济众，守望相助"的现实意义 [J]. 产业与科技论坛，2020（15）：86-87.

15. 刘吉. 以"一带一路"沿线区域文化一体化战略促进经济发展研究 [J]. 中国集体经济，2018（6）：31-32.

16. 刘长伟."一带一路"下的对外文化传播——以海外设立老庄学院为例 [J]. 湖北经济学院学报（人文社会科学版），2018（3）：105-110.

17. 刘震. 中国企业对"一带一路"沿线国家 OFDI 决策研究 [D]. 山东大学，2019.

18.［英］洛克著,瞿菊农,叶启芳译. 政府论 [M]. 商务印书馆, 1982：128–130.

19. 陆桂英."一带一路"倡议对建设社会主义文化强国的现实意义 [J]. 观察与思考, 2019（7）：49–54.

20. 路克利. 海外学者视野中的中国模式与中国研究——对话罗德里克·麦克法夸尔 [J]. 国外理论动态, 2016（2）：1–8.

21. 罗春秋, 马媛媛."一带一路"背景下我国传统文化发展的逻辑辩证 [J]. 长春理工大学学报（社会科学版）, 2020（5）：52–56.

22. 金刚. 关于山东着力实现弘扬传播儒家文化与推进"一带一路"倡议良性互动的思考 [J]. 山东行政学院学报, 2016（4）：123–128.

23. 马鸣锴, 黄子珍. 推动"一带一路"发展的"正确义利观"探究 [J]. 中国市场, 2018（5）：45–46.

24. 彭飞, 宋春娇, 张梅. 儒家"五常"文化在"一带一路"沿线国家的推广研究 [J]. 山西高等学校社会科学学报, 2020（4）：75–80.

25. 秦光银."一带一路"建设与中华优秀传统文化传播融合机制探究 [J]. 中学政治教学参考, 2019（9）：26–29.

26. 齐莹, 郭学文."一带一路"所体现儒学中"仁"的思想建构 [J]. 现代交际, 2019（15）：187.

27. 齐海山. 对接与合作：丝绸之路经济带与欧亚经济联盟 [J]. 价格理论与实践, 2020（8）：1.

28. 沈丁丁. 容克投资计划概述 [J]. 金融发展评论, 2015（4）：143–147.

29. 孙魏. "一带一路"倡议蕴含的中华优秀传统文化底蕴 [J]. 郑州航空工业管理学院学报（社会科学版），2019（5）：76–84.

30. 孙加顺. 贸易促进与标准化协同发展 [J]. 中国标准化（英文版），2018，91（4）：38–41.

31. 王晨佳. "一带一路"概念下的文化传播与译介 [J]. 人文杂志，2019（1）：29–34.

32. 吴红波. 人类命运共同体与可持续发展 [J]. 国际公关，2018（3）：24–27.

33. 吴汪世琦. 中国与东南亚国家共建经济走廊研究 [D]. 中国社会科学院大学（研究生院），2021.

34. 吴小国. 构建"一带一路"合作机制对国际软法的需求 [J]. 湖北警官学院学报，2019（5）：96–103.

35. 许琳. 汉语国际推广的形势和任务 [J]. 世界汉语教学，2007（2）：106–110.

36. 谢来辉. "一带一路"与全球治理的关系——一个类型学分析 [J]. 世界经济与政治，2019（1）：34–158.

37. 张文木. "一带一路"与世界治理的中国方案 [J]. 世界经济与政治，2017（8）：4–25.

38. 张舜清，时万祥. 论习近平治国理政思想对儒学的继承和发展 [J]. 汉江师范学院学报，2019（1）：94–99.

39. 张文林，卢玉春. 新时代习近平以人民为中心重要论述及时代意蕴 [J]. 哈尔滨学院学报，2021（11）：1–5.

40. 赵映林. 朱元璋也曾"均贫富" [J]. 文史天地，2017（9）：46–50.

41. 许雅棠. 中国民本思想再议 [J]. 政治科学论丛，2018（77）: 33–64.

42. Stage. Weighing the U.S. Response. Choices for the 21st Century Student and Teachers[J].

43. Block F, Somers M R. The Power of Market Fundamentalism: Karl Polanyi's Critique[J]. Harvard University Press, 2014: 30.

44. Habermas J. Knowledge and Human Interests[J]. The Philosophical Quarterly, 1973, 23（91）: 170.

45. Piaget J. The Principles of Genetic Epistemology[J]. The Philosophical Quarterly, 1980, 24（94）: 87.

46. Connolly P. The Belt and Road Comes to Papua New Guinea: Chinese Geoeconomics with Melanesian Characteristics?[J]. Security Challenges, 2020, 16（4）: 41–64.

后 记

　　本书的初稿撰写于本人攻读博士学位期间，得益于导师李相万教授的悉心指导。在李教授的教导下，本人深入探索了中国近十年政治经济发展的动态。李教授与中国有着深厚渊源，其导师为中国人民大学一级教授胡钧先生。胡钧先生曾以谦和的态度，对李教授的学术成长关怀有加，使其体验到如同第二故乡般的温馨。李教授始终铭记教诲，在《人民日报》《新京智库》等权威媒体上多次发表理性分析，公开支持中国。在指导本人完成学业的过程中，李教授多次强调胡钧先生在学术研究中所体现的严谨性，对我产生了深刻的影响，并激励我全力以赴完成初稿。此外，韩国国立昌原大学国际交流教育院院长金兑植教授对书籍中涉及经济研究的章节进行了修正，庆南大学的崔松子教授也对目录结构提出了良好的建议。

　　本书系上海立信会计金融学院马克思主义研究院系列科研成果之一。在修订过程中，得到了中国人民大学刘守英教授与范欣教授的学术指导。两位教授所展现的教育理念、学术的严谨性以及对学术研究的持续追求，使本人掌握了以发展性视角审视问题的方法，不再满足于问题的表象，而是致力于深入挖掘问题的内在本质。这种思维方式的转变，对本人的教学实践产生了深远的影响。在此，衷心感谢两位教授所提供的指导与支持，他们的帮助为我未来的教学与研究工作奠定了基础。

在我对初稿的完善与优化工作中，通过参加中国人民大学经济学院主办的"政治经济学大讲堂——进一步全面深化改革、推进中国式现代化"系列高级研修课程，深入聆听了马克思主义政治经济学与中国特色社会主义政治经济学领域内具有深厚学术积淀的专家学者的精彩授课，使我深刻认识到，学术研究领域广阔无垠，持续的学术进修和知识更新是至关重要的。因此，我系统性地搜集并核查了近年来全球政治与经济领域的最新数据资料，通过深入分析，提炼出其核心要素，并以此为基础，对研究议题进行了更为深入和严谨的理解。

在此，我需要特别致谢我的出版人长岛老师。长岛老师是一位著名诗人，其创作成果丰硕，作品散见于国内外逾百家报刊及众多诗选集之中，并被译介为英语、日语等多种外国语言。长岛老师对我的著作展开了严谨且细致的审校工作。历经一年多的修改，长岛老师对我的书稿逐句逐段地审核。在此期间，他始终保持着高度的耐心与细致入微的态度，凭借其独到的眼光，剔除书中不够充分的论述，并不断激励我进行必要的补充。在他的精心指导下，我对部分章节进行了深入的重写与修改，直至达到令人满意的程度。

在写作过程中，我还幸运地获得了复旦大学国际关系与公共事务学院、华东师范大学国际与比较教育研究所、上海财经大学经济学院、上海师范大学马克思主义学院、以及上海立信会计金融学院等多位教授的悉心指导，得到了国内合作办学领域的专家韩少明博士、上海市青年联合会常务委员高成刚先生的鼎力支持，以及本人的朋友李利先生、胡诚博士和在读博士徐海行等人的无私帮助。同时，负责排版的陆菁老师，以及上海文艺出版社的责任编辑也为书稿的出版付出了大量努力，在此一并表示感谢。

本人深知，若无以上各位的付出，无法顺利完成这部专著的最终定稿。在此我向各位致以诚挚的敬意与感谢，并期望在未来继续获得宝贵的学术指导与支持，以深化教学探索与实践。

钱隆

2024.10.6